AF244878

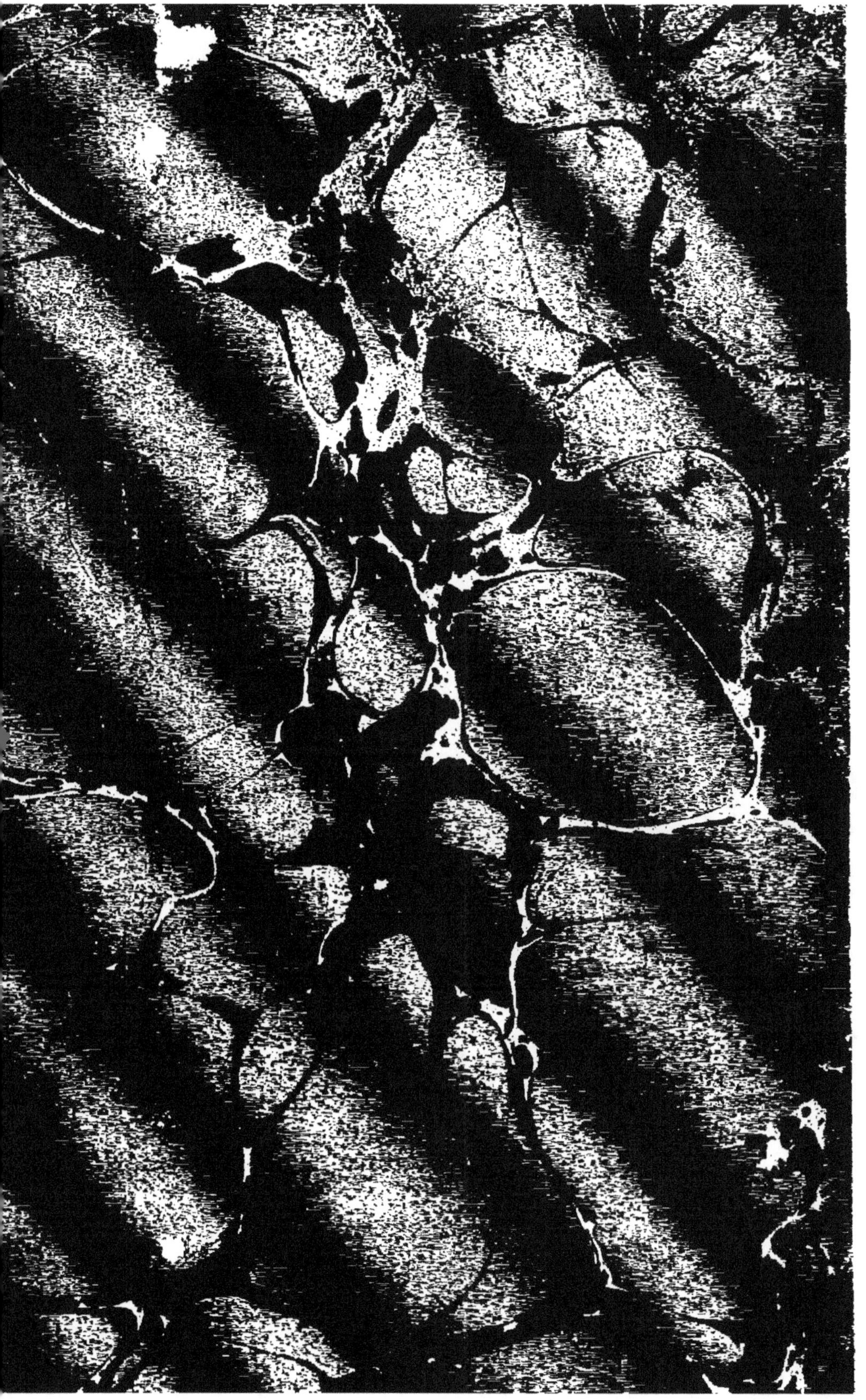

2e ÉDITION

CARNAC

Légendes - Traditions
Coutumes et Contes du Pays

PAR

Zacharie LE ROUZIC

Officier de l'Instruction Publique

au Musée J. MILN

Avec une Lettre-Préface de M. Anatole LE BRAZ

PRIX : 2 fr. 50

NANTES
Imprimerie A. DUGAS
5, quai Cassard, 5
- 1912 -

Cet humble recueil de folklore local ayant été l'objet d'un vif intérêt de la part du public, la première édition a été vite épuisée ; j'ai cru devoir donner cette seconde édition sans rien y changer, sauf quelques corrections des mots breton pour satisfaire certains lettrés de mes amis.

Carnac, le 10 avril 1912.

Z. LE ROUZIC.

CARNAC

Légendes, Traditions, Coutumes et Contes du Pays

———

AVANT-PROPOS

Les légendes sont la littérature orale d'un peuple,
a dit quelqu'un, ce qui est excessivement vrai pour
nous, Bretons, dont les origines sont encore enve-
loppées dans les légendes mêmes.

Aujourd'hui, sous l'infiltration lente, mais irré-
sistible de la science et de la raison, ces légendes
s'évaporent de plus en plus. Il est grand temps de
les recueillir pour les conserver aux générations
futures. Déjà beaucoup ont disparu ; d'autres ont
reçu les empreintes du temps et nous arrivent
transformées, défigurées mêmes.

Il y a trente ans à peine, toutes les veillées de nos
chaumières étaient égayées par des légendes et des
proverbes (contes), narrés généralement par les
plus anciens du voisinage. Les histoires de reve-

nants (spontaills), étaient de toutes les conversations. Aujourd'hui on en parle à peine, les jeunes n'y croient plus et les anciens ne les content que rarement. Encore une génération et le voile du passé les aura ensevelis pour toujours.

Les intersignes seuls (reeù) persistent, il n'y a pas une famille qui n'en ait plusieurs à conter. Tous les malheurs, tous les décès sont annoncés par des intersignes, et toute la population, même la plus intelligente, y croit sincèrement. Je ne m'étendrai donc pas sur ce chapitre. J'ai préféré chercher les histoires de revenants (spontaills), qui disparaissent. C'est pour sauver et compléter celles que j'ai entendues conter dans mon enfance que j'ai parcouru presque tous nos villages, cet hiver, consultant et interrogeant les plus âgés de leurs habitants ; je transcrirai leurs histoires sans aucune prétention, simplement et de mon mieux pour les rendre aussi fidèlement que possible, tout en regrettant de ne pouvoir y mettre tout le charme et la poésie qu'on y trouve en les entendant conter dans sa langue maternelle, et qu'aucune traduction ne peut remplacer.

Ce travail m'a permis de constater que tous ces spontaills (revenants), se tenaient sur ou dans le voisinage immédiat des passages à gué ou à pont de nos petits ruisseaux, près des mares d'eau et dans les chemins creux. Je suis persuadé que ces esprits mystérieux, animaux terribles et fantastiques, qui peuplaient le pays, ainsi que le culte des fontaines, toujours si vivace dans nos campagnes, ne sont que des réminiscences des anciennes croyances celtes, conservées par le christianisme, et qu'ils ne sont dûs qu'aux hallucinations visuelles et auditives.

Je remercie bien sincèrement toutes les personnes qui m'ont aidé à publier ce travail, surtout mes bons amis M. et Mme Ch. Keller, de Nancy, ainsi que M. Anatole Le Braz, qui a bien voulu m'écrire la lettre suivante. Qu'ils trouvent ici l'expression de ma profonde gratitude.

Musée Miln, Carnac, le 15 mai 1909.

LETTRE-PRÉFACE

Mon cher monsieur Le Rouzic,

En me demandant de présenter votre livre au lecteur vous me fournissez une occasion que je saisis avec joie de m'acquitter envers ce pays de Carnac — votre pays, — d'une dette de gratitude déjà ancienne. Je lui dois les émotions peut-être les plus puissantes que j'aie jamais éprouvées. Certes, la Bretagne entière est un musée vivant où, de toutes parts, surgissent devant les yeux, intactes encore, les images de l'autrefois. Mais, à Carnac, ces images revêtent un caractère unique : elles vous donnent l'ivresse et comme le vertige du passé.

Je n'oublierai de ma vie l'espèce d'horreur religieuse qui s'empara de mon esprit, la première fois que j'abordai cette terre sacrée. C'était dans la première quinzaine de septembre, à l'époque où se célèbre, selon des rites vaguement païens, la fête patronale de saint Cornély. J'accompagnais des amis et

— que les menhirs nous pardonnent ! — nous voyagions en automobile. Partis d'Auray au lever du jour, nous eûmes tôt franchi les riants paysages qui, pendant plusieurs kilomètres, prolongent encore dans la direction de Carnac un peu de la douceur alréenne. Et voici que, passé le village de Kergroaz, brusquement la face des choses changea: elle se fronçait comme d'une sévérité soudaine, hostile, non ; mais grave, énigmatique, toute pénétrée de mystère. A perte de vue, la lande s'étalait, plate et sombre, fourrée d'ajoncs ras et de genêts nains, avec, par places, des lagunes endormies, vrais étangs du Cocyte, qui semblaient luire d'un éclat ténébreux, rebelle aux feux du soleil. Çà et là des bouquets de pins dressaient leurs panaches de deuil, bordant la route comme une voie funèbre. Avant même d'avoir aperçu les premières silhouettes de menhirs, on avait le sentiment que l'on entrait dans une région vouée de tout temps aux dieux redoutables de la mort.

Elles ne tardèrent pas à se montrer, les étranges Pierres du souvenir, témoins multiformes et indéchiffrables des âges immémoriaux. Elles apparaissaient assemblées par groupes qui faisaient penser à des conciliabules secrets d'antiques chefs de guerre. Quelles paroles, quels récits antérieurs à toutes les langues connues échangeaient-elles ainsi dans le silence de la steppe? Quelles races d'hommes les avaient plantées là pour être les monuments de leur passage sur ce sol pétri de leur cendre? Ce fut à vous, mon ami, que nous l'allâmes demander. Et à qui donc nous fussions-nous adressés qui eût, je ne dis pas votre science, mais votre divination? Vous n'êtes pas seulement né sur cette terre de Carnac : vous êtes, à la vérité, né d'elle. Si la qualification d'autochthone peut justement s'appliquer à quelqu'un, c'est à vous. Sans doute vos pieds vont et viennent, comme ceux des humains ordinaires, à la surface de la planète ; mais par mille racines profondes ils plongent au cœur même de l'humus ancestral. Vous avez un don qui n'est qu'à vous, un sens exceptionnel que j'appellerai le sens souterrain. Par là, tout enfant, lorsque l'archéologue Miln vous initiait à ses études en vous entraînant dans ses courses, vous entriez en communication et en confidence avec le monde d'en-dessous où, depuis lors, vous n'avez plus cessé de vivre. D'autres goûtent la lumière, les fleurs, la grâce changeante des saisons, les jeux éphémères de l'humanité. Vous, vos yeux, vos oreilles sont ailleurs : vous êtes un voyant et un oyant des régions inférieures ; vous percevez, vous discernez les images flottantes et les sourdes rumeurs du peuple des mânes ; vous habitez, à la lettre, parmi eux ; que dis-je ? sous les espèces et apparences d'un homme d'aujourd'hui, vous êtes, en réalité, l'un d'eux, remonté au jour et réincarné.

Je me rappelle en son moindre détail notre première rencontre, au seuil de cet humble musée Miln, si grandiose en sa simplicité rustique, dont vous vous intitulez modestement le gardien. Sous votre chapel aux larges rubans et dans votre veste noire, lamée de velours, vous eussiez pu passer pour un quelconque des innombrables laboureurs endimanchés qui, en mémoire sans doute des holocaustes funéraires d'il y a trois mille ans, conduisaient processionnellement leurs bestiaux à la bénédiction de saint Cornély. Mais nous n'eûmes pas plutôt pénétré sur vos pas dans le sanctuaire de votre religion à vous que votre personnalité véritable se révélait, s'imposait à nos regards.

Je vois encore de quel geste pieux vous ouvrîtes devant nous, comme les portes d'un tabernacle, les panneaux vitrés des armoires sacro-saintes ; j'entends encore l'accent de ferveur avec lequel vous nous commentiez, en l'exhibant, chacune des pièces de votre trésor. « Admirez, disiez-vous, cette variété de turquoise, connue sous le nom de calaïse ; vous avez là le bijou préhistorique par excellence : on l'extrayait des gise-

ments d'étain, de même que la jadéite, dans laquelle
se taillaient les haches sacrées... Et que pensez-vous
de ces fusaïoles ? Il s'est trouvé des auteurs pour pré-
tendre qu'elles servaient au filage du lin : c'est une
erreur : on s'en parait en guise de colliers... Quant à
cette exquise pendeloque en chalcédoine, semblable à
une minuscule ampoule, c'était une amulette fémi-
nine : dans la maison où je l'ai recueillie, on la passait
au cou des fillettes, pour faciliter le travail de la
puberté... » Vous touchiez, vous caressiez ces choses
délicates, comme si, jadis, vous les aviez suspendues
vous-même à la gorge de la bien-aimée. Mais, quand
vint le tour des armes, je ne sais quel souvenir de
batailles héroïques traversa vos prunelles. Vous nous
parûtes soudain grandi d'une coudée. Vous aviez une
façon de manier ces ferrailles archi-vénérables, qui
attestait jusqu'à l'évidence qu'aux ères des vastes
massacres primitifs vous aviez dû les brandir en
maître. A un moment, vous nous dites avec une sorte
d'attendrissement contenu : « Ceci est l'épée d'un
jeune chef adulte. » Et nous n'eussions pas été surpris
de vous entendre conter, à la manière d'Ossian, de
quelle mort — pleurée de vous — ce jeune guerrier
avait péri, fauché en sa fleur. Ce n'était plus un musée dont vous nous faisiez les honneurs, mon cher

Le Rouzic, mais une salle de votre palais d'autrefois, ornée de vos reliques de familles et des trophées barbares de votre lointain passé.

Et quand vous prîtes place dans la voiture, à côté du chauffeur, pour nous guider obligeamment vers les sites les plus majestueux de votre nécropole natale !... Jamais, je pense, je n'ai mieux senti à quel point combien tout un pays peut s'exprimer dans un homme, à quel point un homme peut s'identifier avec tout un pays. Vous nous entraîniez d'une station de sépultures à l'autre, exultant, impérieux, dominateur, vrai souverain de ce funèbre empire, roi des peulvans et des dolmens, interprète de leur éloquent mutisme, génie des races anonymes qu'ils commémorent, pontife maxime des dieux souterrains dont l'âme imprègne encore tous ces parages et leur communique, dès l'abord, un je ne sais quoi de farouche, de solitaire et d'inquiétant. Parfois, devant l'amorce indécise d'un chemin à peine tracé, le chauffeur hésitait ; mais vous lui commandiez : « Allez ! » Et l'automobile, comme mue par votre esprit, s'engageait sans dommage dans des routes que vous sembliez rendre momentanément viables par un décret de votre volonté. Nous pûmes ainsi, grâce à vous, faire en une seule après-midi le tour entier de la Cité des Tombes. Nous parcourûmes toutes les avenues des temples de la Mort. Chemin faisant, vous releviez en imagination les piliers abattus. Vous reconstruisiez, avec votre sens divinatoire, disons mieux : avec vos souvenirs, la prestigieuse forêt de pierre du Ménec, telle qu'il vous avait été donné, voici des millénaires, de la saluer sur pied, en ses jours de splendeur. Car vous l'avez connue à ses origines, n'est-ce pas ? Vous avez été un des prêtres bâtisseurs qui travaillèrent à son érection ; vous avez officié entre ses myriades de colonnes, présidé à la pompe des grandes funérailles dans ses caveaux cyclopéens, aspergé ses tertres tumulaires, en forme de tentes, du sang des bœufs et des génisses maintenant chers à saint Cornély. Aussi bien, vous me le confessiez vous-même : ces époques insondables demeurent pour vous actuelles et présentes. Vous les revivez, vous les réalisez quotidiennement, dès que vous êtes libre de vous appartenir, de rentrer dans votre vraie âme. Et votre caractère essentiel, mon cher Le Rouzic, celui qui fait votre poésie et votre noble singularité, c'est d'être dans l'universelle banalité contemporaine, le dernier et nostalgique survivant de la préhistoire.

A parler franc, vous ne vous retrouvez dans votre

patrie que sous terre, au fond des hypogées où dorment vos pairs, les chefs antiques des tribus qui jonglaient avec les mégalithes. Je n'en veux pour preuve que les fouilles gigantesques auxquelles vous vous êtes dévoué, avec une ténacité surhumaine, dans les entrailles jusqu'alors inexplorées du mont Saint-Michel de Carnac. Ce qu'il recélait, personne n'en avait le soupçon : mais vous le saviez, vous. Vous saviez que, sous la chapelle de l'archange qui le couronne, reposaient des mânes de héros plus illustres à vos yeux que tous les archanges. Vous les entendiez qui vous appelaient, qui vous réclamaient, qui soupiraient après votre pioche libératrice comme après l'instrument de leur résurrection, Et, pendant des années, vous avez travaillé de vos propres mains à les ressusciter, en effet, au rique de vous ensevelir vingt fois avec leurs dépouilles. Désormais, par vos soins, l'air embaumé des landes et des pinèdes, assaisonné de fraîcheur marine, se jouera de nouveau dans les couloirs rouverts de leur tombe et portera jusqu'à leurs ossements cette caresse de la vie dont vous seul pourriez dire depuis combien de siècles ils furent sevrés.

Aujourd'hui, mon cher Le Rouzic, votre activité semble s'exercer dans un autre domaine. De « sépul-

chrologue » — comme dirait mon ami Le Goffic, — vous voilà devenu folkloriste. Serait-ce donc que votre âme aurait changé de passion et votre esprit d'étude ? Nullement. Et d'abord, les hommes de votre sorte et de votre trempe ne changent point. Ils s'enrichissent, ils se complètent, dans le sens du labeur qu'ils se sont une fois fixé, mais ils restent les servants obstinés de leur premier idéal, et, sous quelque forme que ce soit, ils continuent d'honorer les mêmes dieux. Et vos dieux à vous, — je l'ai, j'imagine, assez crié sur tous les tons au cours de ces pages, — ce sont les dieux infernaux, les dieux d'en bas, ceux qui règnent au Pays des Ombres, dans les limbes mystérieux du Passé. Oh ! entendons-nous ! Ce n'est pas que, par certains aspects de votre mentalité, vous ne soyez un Breton moderne, très moderne, plus porté à embrasser d'amour la Bretagne qui est (ou mieux : qui aspire à être), qu'à se répandre en jérémiades vaines sur la Bretagne qui n'est plus. Et, par exemple, — puisque cependant on ne peut parler de Carnac sans penser à Quiberon, — si, dans la lutte fratricide dont le souvenir attriste encore vos landes, vous aviez eu à prendre parti entre les soldats républicains de Hoche et les émigrés de Tinténiac, je sais bien vers quels drapeaux se seraient élancées vos sympathies. Un préhistorique, oui, parfaitement ; mais un rétrograde, non pas ! Il y a passé et passé, n'est-il pas vrai ? Le vôtre, celui-là seul qui vous paraisse mériter qu'on s'y attache, commence aux premières civilisations humaines pour finir quelque cinq cents ans avant Jésus-Christ. J'ai toujours dans l'oreille l'accent de dédain avec lequel vous nous disiez, en désignant du doigt sans les toucher, des piques de légionnaires du temps de César :

— Le romain ne m'intéresse pas.

Etes-vous bien sûr, mon cher ami, que, parmi les croyances et les superstitions populaires exhumées par vous dans le présent recueil, il ne s'en trouve pas plus d'une qui sente le romain, voire le moyen-âge, et même des époques encore plus rapprochées ? Mais, au fait, il n'importe ! Et vous pourrez toujours me répondre, pour demeurer d'accord avec vous-même, qu'il y a toujours lieu de douter si tel racontar, à mine relativement récente, n'est pas, en réalité, l'écho rajeuni à travers les âges d'un mythe vieux de plusieurs mille ans. En matière de folklore il est imprudent d'affirmer : Ceci est ancien, ceci ne l'est pas. L'essentiel, au surplus, est que la sincérité des documents soit indéniable. Et avec vous l'on peut être tranquille sur ce point. Vous avez fait vos preuves. Je suis certain que vous avez interrogé la mémoire de vos compatriotes avec la même conscience, la même piété, le même scrupule que vous avez apportés naguère à fouiller le sol qu'ils habitent. La besogne n'était-elle pas identique des deux parts ? Il s'agissait une fois de plus de faire œuvre de sauvetage et de résurrection, et cela dans des profondeurs plus mouvantes, moins conservatrices de leurs trésors, que les tertres des tombes préhistoriques ; vous vous en êtes acquitté avec votre flair et votre instinct habituels. Il y a une mort pire que la mort, et c'est l'oubli : vous venez d'y arracher les traditions de votre petite patrie. Croyez que le pays de Carnac ne sera pas seul à vous en être reconnaissant. Pour moi, j'estime que je ne pouvais le mieux louer qu'en proclamant ici, dans la mesure de mes forces, tout ce qu'il a mis de lui en vous et que vous lui avez, de tant de manières, si largement rendu.

Anatole Le Braz.

Rennes, 5 mai 1909.

CHAPITRE I

LEGENDES

I

Légende de Saint Cornély

Saint Cornély était pape à Rome, d'où il fut chassé par des soldats païens qui le poursuivaient. Il marchait devant eux, accompagné de deux bœufs qui portaient ses bagages, et lui-même quand il était fatigué. Un soir il arriva près d'un village, le Moustoir, où il voulait s'arrêter ; mais ayant entendu une jeune fille insulter sa mère, il continua sa route et arriva, peu après, sur une grande montagne où il y avait un petit village. Il aperçut devant lui la mer et, derrière lui, le serrant de près, les soldats rangés en bataille. Il s'arrêta et transforma toute l'armée en pierres.

En souvenir de ce miracle, les habitants du pays et des pays voisins élevèrent à l'endroit même où il s'arrêta, une église dédiée à saint Cornély.

Voilà pourquoi l'on voit ces longues files de pierres, debout, au nord du bourg de Carnac, et pourquoi, souvent la nuit, des revenants se promènent dans ces allées appelées : Soudardet san Cornely (soldats de saint Cornély).

Les pélerins de tous pays affluèrent bientôt pour demander à saint Cornély la guérison de leurs bestiaux malades. Il les guérissait tous en souvenir des grands services que lui avaient rendus les deux bœufs dans sa fuite vers Carnac.

Voici une autre variante, donnée par l'érudit abbé J. Buléon, dans les Annales de Bretagne, juillet 1899 :

« En ce temps-là, Monsieur saint Cornély voyageait par le monde sur un char à bœufs, et c'était lui qui portait la bénédiction de Dieu partout. Cependant les soldats païens voulurent le tuer, et ils le poursuivaient. Mais Monsieur saint Cornély arrivait à Carnac en ce temps-là : « C'est ici que je m'arrêterai, dit-il, c'est ici que je demeurerai. » Alors il se cacha dans l'oreille d'un bœuf et il changea en pierres les soldats qui le poursuivaient. »

II

Saint Cornély passait un jour avec ses bœufs (*in ent marha*), dans le chemin du marché. Route de arnac à Auray, à environ 600 mètres et au nord du ourg, voyant des gens qui semaient de l'avoine, il eur demanda : — « Qu'est-ce que vous semez là ? — De l'avoine, lui répondirent-ils. — Alors, dit le aint, vous couperez votre avoine demain. » En ffet, le lendemain l'avoine était mûre et ils revin- ent la couper. A ce moment arrivaient là des oldats qui leur demandèrent : « N'avez-vous pas vu un homme passer ici avec deux bœufs ? — Oui répondirent-ils, quand nous semions cette avoine. — Dans ce cas, dit leur chef, c'est inutile d'aller plus loin. » Quelques instants après, ils étaient transformés en pierres.

III

Près des villages du Moustoir et de Kergroix, l'on faisait encore voir, il y a quelques années, les em- preintes des pieds des bœufs de saint Cornély. (Ces empreintes de pieds de bœufs, ailleurs l'empreinte des pieds du diable ou d'un saint quelconque, ne sont, en réalité, que des cuvettes creusées naturellement par les pluies dans le granit, et que l'on appelle communément des pierres à bassins.) Ces empreintes se rencontrent également dans la commune de Landévant, et nos cultivateurs indiquent le chemin parcouru par saint Cornély, et affirment que là où il a passé la récolte est toujours meilleure.

IV

Les alignements.

Ces pierres alignées sont des soldats transformés en pierre par saint Cornély ; elles ne bougent qu'une fois l'an. La nuit de Noël, à minuit, elles vont boire dans les ruisseaux voisins, et malheur à ceux qui se rencontreraient dans leur chemin : ils seraient tous écrasés.

Sous beaucoup de ces pierres il y a des trésors cachés, mais tous ceux qui ont voulu les chercher sont morts.

Un jour le père Galudec, dit Moh tu, jeta bas l'une des grosses pierres de la tête du ménec pour chercher le trésor ; mais lorsque la pierre tomba, le trésor s'était envolé, parce qu'il n'avait rien trouvé.

V

Menhir de Krifol, dit Minour Krifol.

Le menhir de Krifol est situé au nord des alignements du Ménec à Carnac, et est un jeune homme transformé en pierre.

Minour Krifol était fils unique et était très riche ; malheureusement, il dépensait tout son bien dans des folies. Un jour, pour le punir, Dieu le changea en pierre, et son âme reste à circuler autour de lui.

Que de fois on l'a entendu du Ménec crier et se lamenter autour de Mânni Krifol. Autrefois, jamais on n'allait là la nuit de crainte de le rencontrer.

Un jour, Minour Krifol fut fiancé avec une riche héritière, mais lorsque celle-ci vint le voir, elle ne voulut pas l'épouser.

Une autre version dit : Minour Krifol était un soldat qui était resté à boire du lait doux au village de Kerlann, et n'avait pu rejoindre ses camarades avant d'être transformé en pierre.

VI

Er Men Kam. — La pierre boîteuse.

Près du village du Luffang, commune de Crach,

au bord de la rivière, en face du passage du Laz, il y avait autrefois une grosse pierre appelée Er-Men-Kam, la pierre boîteuse. C'était un soldat boîteux qui ne pouvait pas suivre les autres soldats, et était à la traîne ; quand les autres furent changés en pierre dans les landes de Carnac, il le fut, lui aussi, au bord de la rivière, au moment où il allait la traverser.

VII

Menhir de Saint-Cado.

Le menhir de Saint-Cado est situé au sud-sud-est du village de ce nom, en la commune de Plœmel, et est un des plus beaux du pays.

Les femmes stériles qui désirent des enfants doivent s'y frotter le ventre en un endroit indiqué.

Une ménagère du village m'a affirmé que, n'ayant pas d'enfant, elle se rendit au menhir, et l'année suivante elle eut un gros garçon, qui a été suivi de plusieurs autres enfants, et que toutes les femmes qui vont voir ce menhir sont dans le même cas.

Certaines personnes prétendent que le menhir de Kerderf, dit Géant de Kerderf, situé au nord-nord-ouest du Ménec, commune de Carnac, a les mêmes propriétés.

VIII

Les dolmens.

Les dolmens sont tous des maisons de Kerions Korigans ; ils y viennent loger, et souvent on voit danser autour. Malheur à ceux qui vouaient leur faire de la peine, ils mourraient imméatement.

IX

Dolmen de Roh en aod

Le dolmen de Roh en aod, situé au village [de nom, en la commune de Saint-Pierre-Quibéron, t un des plus curieux de la contrée. Il est à encorllement et appartient à l'Etat. Une des pierres mant l'encorbellement porte un groupe de sept pules gravées extérieurement.
Le monument porte le nom de la maison de int-Roch, et la pierre à cupules est appelée plus écialement pierre de Saint-Roch.
Un jour, saint Roch passait à cheval à Roh aod ; son cheval glissa sur une pierre, où il a

laissé les marques de son fer ; le saint tomba en se blessant au genou. Il ne voulut pas rester dans cet endroit, et il alla plus loin construire sa chapelle. Depuis cette époque, lorsqu'on veut obtenir des vents favorables aux voyages des marins, l'on doit frapper avec un marteau dans les trous (cupules) de pierre de Saint-Roch ; cela doit être fait la nuit et sans être vu ni connu.

Restauré par l'Etat, sous la direction deM. d'Ault du Mesnil, président de la Commission des monuments mégalithiques. Une veuve du village, âgée de 66 ans (1901), nous raconta qu'elle avait elle-même pratiqué cette opération à plusieurs reprises et que toujours ses vœux étaient exaucés.

Lors de la première restauration (1889), la pierre en question avait été placée dans une position qui ne permettait plus de voir les cupules. Les femmes frappaient alors sur une autre pierre de l'encorbellement de gauche, au fond du dolmen. Cette pierre, creusée de trous par des carriers, a servi depuis à cette pratique, et les petits creux martelés se voient sur cette dalle.

Lorsque je photographiai la roche à cupules, je mis une vieille femme du village près de la pierre avec un marteau, elle frappa sur une cupule. Le temps, par hasard, s'est modifié pendant la nuit, et le beau soleil de la veille s'est transformé en pluie. Les habitants ne manquèrent pas d'attribuer ce changement à la pierre de Saint-Roch.

X

Tumulus de Saint-Michel.

Autrefois, en se rendant au pardon de Saint-Cornély, les pèlerins passaient à travers les rangées de soldats changés en pierres ; les femmes portaient de la terre dans leur tablier et les hommes des pierres entre leurs bras ; ils les mettaient tous dans le même tas, sur la montagne de Saint-Michel, et c'est ainsi qu'a été formée cette immense butte.

XI

César était mort dans le pays de Carnac, fut enterré sous le mont avec ses bottes en or et son trésor, dans un cercueil également en or, et pour qu'on ne puisse le dépouiller, ses soldats l'avaient recouvert de terre et de pierres.

La preuve qu'il y a un trésor, c'est que très sou-

vent on voit des pièces d'argent sortir de la parti
Est de la montagne.

Le père Piniec, de Croez-Audran, m'a plusieur
fois affirmé les avoir vues de chez lui. Elles bri
laient, brillaient, disait-il, et s'élevaient très hau
dans le ciel, puis disparaissaient.

XII

Autrefois, quand on allait à confesse, les prêtre
donnaient comme pénitence l'ordre d'apporter, su
la colline, soit un sac de terre, soit un sac de pierre
pour construire une butte en l'honneur de Sain
Michel.

XIII

Autrefois, il y avait un jeune berger à Clouca
nac, village voisin de Saint-Michel, qui trouva
tous les matins des pièces d'argent sur la pier
plate, couchée à l'est de la butte de Saint-Michel.

Il s'en vanta un jour, et depuis il ne trouva pl
rien.

XIV

Er Menahet Ru. — Les moines rouges

Les moines rouges étaient fort méchants et su
tout très débauchés. Non contents de se nourrir au

dépens des pauvres bougres, ils leur enlevaient leurs filles et leurs femmes les premières nuits de leur noce.

Lassé de leur vexation et de leur libertinage, le peuple les détruisit tous dans la même nuit et leurs couvents furent tous brûlés.

Cette légende est très répandue dans nos contrées et partout où l'opinion publique indique les restes d'un couvent de moines rouges, l'on est certain de trouver des ruines gallo-romaines.

XV

Er Mel Beniguet. — Le marteau béni.

Autrefois, les gens vivaient tellement vieux qu'il fallait leur casser la tête avec un marteau béni, et chaque fois que l'agonie dure chez un mourant, l'on dit : « *Re vou kemiret er mel béniguet ei vet i achiù.* » (Il faudra prendre le marteau béni pour le finir).

Ce marteau était en pierre et était conservé précieusement dans chaque quartier, généralement dans les vieilles chapelles. Lorsque l'on avait besoin de lui, le plus ancien des vieillards du village allait le prendre et opérait, c'est-à-dire cassait la tête du

*Cet humble recueil de folklore local ayant été
l'objet d'un vif intérêt de la part du public, la
première édition a été vite épuisée ; j'ai cru devoir
donner cette seconde édition sans rien y changer,
sauf quelques corrections des mots breton pour satisfaire certains lettrés de mes amis.*

Carnac, le 10 avril 1912.

Z. LE ROUZIC.

V

Menhir de Krifol, dit Minour Krifol.

Le menhir de Krifol est situé au nord des alignements du Ménec à Carnac, et est un jeune homme transformé en pierre.

Minour Krifol était fils unique et était très riche ; malheureusement, il dépensait tout son bien dans des folies. Un jour, pour le punir, Dieu le changea en pierre, et son âme reste à circuler autour de lui.

Que de fois on l'a entendu du Ménec crier et se lamenter autour de Mânni Krifol. Autrefois, jamais on n'allait là la nuit de crainte de le rencontrer.

Un jour, Minour Krifol fut fiancé avec une riche héritière, mais lorsque celle-ci vint le voir, elle ne voulut pas l'épouser.

Une autre version dit : Minour Krifol était un soldat qui était resté à boire du lait doux au village de Kerlann, et n'avait pu rejoindre ses camarades avant d'être transformé en pierre.

VI

Er Men Kam. — La pierre boîteuse.

Près du village du Luffang, commune de Crach,

« Par la sainte Trinité, au nom du Père, du Fils et du Saint-Esprit, grâce au mel-beniguet, de Saint-Meltro, délivrance des vieillards, repose en paix, Mathô-Talen, car tu as bien vécu. » A peine avait-elle achevé que le vieux Talen tendit sa poitrine dans un suprême effort, raidit ses pauvres jambes et exhala son âme, en disant d'une voix qui déjà n'avait plus rien d'humain : « *hou trugerekat, men, Doué !* Merci, mon Dieu ! »

A Carnac, les marteaux du musée Miln sont désisignés comme des marteaux bénits. Plusieurs villages ont eu leur marteau. Le Notério, entre autres, où j'ai été, tout enfant, avec mon regretté maître, M. J. Miln, voir le marteau que possédaient les habitants de ce village. On nous fit voir une tête sculptée dans une pierre, encastrée dans le pignon Est de la maison Hellec.

Ayant appris que la chapelle de Saint-Germain, commune de Brech, possédait deux marteaux bénits je me rendis, en 1893, chez le marguillier de ce village. Il me fit voir deux boules en schiste (?) bleu foncé, mesurant de 0^m12 à 0^m13 centimètres de diamètre, et qui me semblaient être des boules dé sommet de colonne.

Ils étaient conservés dans un vieux buffet de la sacristie et étaient très recherchés autrefois, m'a affirmé leur gardien. Ils avaient cassé beaucoup de crânes.

Il est intéressant de rapprocher cette légende du rite catholique qui consiste à frapper, encore aujourd'hui, sur le crâne du Pape décédé, trois coups avec un marteau d'argent.

CHAPITRE II

Les Kerions ou Korigans.

I

Er-Kerioned. — Les Kerions ou Korigans.

Les gens qui vivaient autrefois dans ce pays étaient des Kerions, c'est-à-dire des petits hommes comme les nains. Ils logeaient dans des trous creusés dans les montagnes et dans des maisons faites de grosses pierres ; les dolmens qui sont dans nos landes sont leurs demeures. Ils étaient forts et remuaient les grosses pierres comme nous remuons les petites aujourd'hui. Ils étaient tous sorciers, et on venait les consulter de très loin. Les hommes exerçaient les métiers de *Teisir* (tisserand), de *Kaminir* (tailleur d'habits), et de *Gou* (forgeron).

Leurs vêtements étaient faits de grosses toiles blanches. Cette race existe encore sur la terre, mais elle est très rare, et tend à disparaître. On ne les voit guère qu'au Sabbat. Les gens du pays, et il y en a toujours quelques-uns qui vont au Sabbat, les connaissent bien. Ce sont eux qui dansent dans les prairies, où l'on voit les traces de cercles toujours inachevés, et où l'herbe est presque toujours plus foncée que dans les autres parties du champ, et sur lesquels il ne faut jamais marcher de crainte de malheurs.

II

Pendant certaines nuits de l'année, surtout lorsqu'il y a un peu de lune, on entend les Kerions chanter et danser, toujours au son de la même chanson : *Er lun, Er merh, hag Er merher* ; *Er lun, Er merh, hag Er merher*. Le lundi, le mardi et le mercredi ; le lundi, le mardi et le mercredi.

Un samedi soir, un Kaminir (tailleur d'habits), bossu, revenait de son travail, entendit chanter et danser dans un champ voisin du sentier qu'il suivait ; il pénétra dans le champ et entra dans la danse. Fatigué d'entendre toujours les mêmes mots de la chanson, *Er lun, Er merh, hag Er merher* ; *Er lun, Er merh. hag Er merher*, il ajouta : *hag er ieù*, et le jeudi. Tiens, dit celui qui semblait être le chef de la bande, cela va bien, et tous reprirent en chœur : *Er lun, Er merh, Er merher hag er ieù* ; le lundi, le mardi, le mercredi et le jeudi. Tous trouvèrent que cela était parfait.

Il faut le récompenser, dit l'un. — Qu'allons-nous lui donner, demanda le chef. — Enlevons lui sa bosse, dirent-ils en chœur. Et sa bosse disparut. Au petit jour, le Kaminir rentra chez lui tout joyeux. Le lendemain, dimanche, tous ses amis lui demandaient ce qu'il avait fait de sa bosse. Elle s'est envolée, disait-il, ne voulant pas dire qui la lui avait enlevée. Un tisserand (*teisir*) de ses voisins, bossu comme lui, lui demanda comment il s'était débarrassé de sa bosse. Le kaminir lui conta son aventure et l'engagea à faire de même.

Le teisir se mit à la recherche des Kerions, et les trouva dans un pré du voisinage. Il entra immédiatement dans la ronde, et lorsque les Kerrions eurent achevé : *Er lun, Er merh, Er merher hag er ieù*, il ajouta : *hag er guinir*, et le vendredi. Ils répétèrent en chœur : *Er lun, Er merh, Er merher, er ieù, hag er guinir*. Cela va mal, dit l'un d'eux. — Très mal, dit un autre. — Cela ne peut aller, répétèrent-ils tous ensemble.

— Il faut le punir, dit l'un d'eux. — Que faut-il lui faire? dit le chef. — Lui donner la bosse du kami- nir, dirent-ils en chœur, et aussitôt le teisir se trouve surchargé d'une deuxième bosse. Il rentra fort attristé chez lui, et n'osait plus sortir, ses clients et ses amis se moquaient de lui. Il fut si cha- griné qu'il en mourut avant la fin de l'année.

III

Les Korigans viennent la nuit ensevelir les gens dans leur demeure. Si la personne que l'on ensevelit se réveille pendant le travail, elle est sûre d'une longue vie ; mais, dans le cas contraire, si les gens du sabbat peuvent la coudre dans le drap, elle mourra dans le courant de l'année.

Certaines personnes affirment encore aujourd'hui s'être trouvées dans ces conditions avec les Ke- rions. L'un prétend avoir été sorti de son lit et placé sur un drap au milieu de sa chambre ; lorsqu'il se réveilla, il reconnut quelques personnes de la com- mune qui accompagnaient les Korigans.

Une femme affirme qu'un soir elle s'est réveillée

sur des tréteaux, au milieu de sa maison, ensevelie dans un drap blanc, au moment où une femme du sabbat lui redressait sa coiffe sur la tête.

Nous avons encore des hommes qui vont au sabbat, et qui ont la faculté de connaître les personnes qui mourront dans le courant de l'année, et de voir les enterrements bien avant les décès ; ils reconnaissent même les personnes qui assisteront à la cérémonie.

IV

Le sabbat est l'assemblée des Kerions ; parfois ils doivent parcourir beaucoup de chemin pour y arriver. Aussi, souvent ils s'emparent des chevaux et des bœufs pour accomplir leur voyage, et il n'est pas rare de trouver le matin, à l'écurie, certains chevaux couverts de sueur et ayant la queue et la crinière cordonnées par les Korigans.

V

Les gens du sabbat et les Kerions entrent dans les maisons par le trou de la serrure, parfois par la cheminée, mais ils pourraient tout aussi bien passer à travers la muraille.

VI

Les personnes qui désirent aller au sabbat doivent gratter les ongles des pieds d'un mort et porter les rognures toujours sur eux.

VII

Un jour le père Cristoul du Pô ensevelissait un mort avec deux de ses camarades. Lorsqu'il finissait de coudre le linceul et qu'il ne lui restait plus que la partie recouvrant les pieds à ensevelir, l'un de ses camarades lui dit : « Si tu veux aller au sabbat, c'est le moment ; gratte-lui les ongles des pieds et met les rognures dans ta poche ; tu accompagneras alors toujours les Kerions. »

Il sut après que ce camarade allait lui-même au sabbat, et qu'il voulait trouver un remplaçant. Il en trouva un plus tard, et celui-ci lui en voulut toute sa vie. Un soir, il vint avec toute la bande l'ensevelir dans son lit, mais il se réveilla avant qu'il n'eussent fini et appela ses voisins au secours. Il eut mille peines à lui enlever son linceul, qui n'était pas cousu, mais seulement entortillé.

VIII

Un jeune domestique de Vannes alla un soir prendre de l'eau à la pompe publique avec deux cruches. Il aperçut les gens du sabbat danser sur la place et reconnut parmi eux sa fiancée.

Il laissa ses cruches près de la pompe et courut danser près de sa fiancée. Celle-ci lui dit : — Tu es venu avec nous, mais nous ne sommes plus à Vannes, mais bien à Nantes. — A Nantes ? dit-il tout effrayé. — Oui, dit-elle, et ne néglige pas de demander à aller d'où tu es venu, lorsqu'on nous demandera : Où allons-nous ? — Mais, dit-il, puisque je suis à Nantes, ne pourrais-je pas aller chez le frère de mon patron, pour avoir une attestation de lui constatant que j'ai été entraîné jusqu'ici? — Oui, dit-elle, mais ne tarde pas, car nous pourrions partir sans t'attendre, et tu resterais là.

Il courut donc chez ses amis, leur demanda leur attestation, et rentra aussitôt dans la danse. Il était temps, car une seconde après, l'un d'entre eux demanda : — Où allons-nous ? — D'où nous venons, répondirent-ils en chœur. Et, aussitôt, ils se trouvèrent sur la place de Vannes.

Le domestique courut à la pompe, où il retrouv
ses cruches, et à la maison, où il pensait trouver se
maîtres couchés. Grande fut sa stupéfaction de le
voir encore à table ? il se fondit en excuses pour êtr
resté si longtemps à prendre de l'eau et avoir été
Nantes.

— A Nantes ? dit son patron, vous êtes fou ; i
n'y a pas cinq minutes que vous avez quitté l
maison.

Le domestique lui fit voir alors le certificat d
son frère, signé quelques secondes plus tôt, et il du
se rendre à l'évidence et reconnaître que son domes
tique avait bien été à Nantes, et cela en moins d
temps qu'il ne faut pour le dire.

IX

Un jeune homme de la commune de Crach deva
se marier avec une jeune fille qui allait au sabba
Un soir, il veillait à ses côtés dans l'écurie. Tou
d'un coup elle resta immobile à son rouet, comm
si elle était morte. Effrayé, il courut chercher d
vinaigre pour lui frotter les tempes et de l'eau pou
lui faire boire. Au bout d'une heure elle revint
elle en soupirant et en lui disant : — C'est toi qu

m'a fait du mal tout à l'heure. Oh ! je t'en prie, quand tu me verras ainsi, laisse-moi tranquille : ne me touche pas, je reviendrai bien toute seule.

Et elle lui expliqua que chaque soir elle devait aller au sabbat avec ses camarades, et que s'il voulait la voir, il pouvait venir le soir suivant, vers minuit, les voir danser dans un champ triangulaire près de la ville d'Auray.

Elle lui recommanda bien, par exemple, s'il venait, de ne rien dire.

Le soir venu, il n'osa pas aller seul et emmena avec lui un de ses camarades. Ils arrivèrent près du champ en question ; mais comme il n'était pas encore minuit, ils causèrent ensemble. Ils eurent beau attendre, ils ne virent rien.

En rentrant dans le village, les jeunes gens trouvèrent la jeune fille au travail, et elle leur reprocha leur bavardage, car à minuit sonnant ils étaient tous là, mais les entendant causer ils durent s'en aller.

Le fiancé voulut aller le soir suivant. — Non, répondit-elle, ne vient pas ce soir, la soirée sera triste. Nous allons ensevelir une jeune femme de Locmaria-en-Plœmel, et tu ne pourrais pas entrer dans la maison.

Le lendemain matin, il trouva sa fiancée en pleurs. Il lui demanda la cause de son chagrin. Elle lui dit : — La femme que nous voulions ensevelir hier soir, à minuit, s'est réveillée pendant l'opération. En conséquence, l'un d'entre nous doit mourir à sa place.

A partir de ce jour, le jeune homme s'écarta de sa fiancée, et il se maria quelques mois après avec une autre fille.

X

Un soir les gens du sabbat, voulant aller à l'île de Groix, arrivèrent à la pointe de Gâvres, près de Port-Louis ; ne trouvant pas de bateau à leur convenance, ils allèrent chercher un sabot chez un marin du village.

— Qu'allez-vous faire avec ce sabot? leur demanda le marin. — Nous transporter à Groix, lui dirent-ils. Et il vit quatre-vingt-dix-neuf personnes s'embarquer dans son sabot et filer en chantant vers l'île de Groix.

XI

Un soir, les gens du sabbat faisaient un bon festin dans une ferme, après avoir réussi dans leur entreprise. Le cultivateur se réveilla dans la nuit et vit une bande de gens qui mangeaient chez lui du bon rôti. La table et le banc-coffre, près de son lit en étaient chargés. Il saisit une cuisse de bœuf, qui était à sa portée, et la cacha dans son lit.

Lorsque les gens du sabbat voulurent remonter le bœuf, il lui manquait une cuisse. — Bah ! dit l'un d'entre eux, mettons-lui une cuisse de sureau.

Les jours suivants le cultivateur fit la bonne soupe et du rôti avec la cuisse qu'il avait pu cacher.

Quelques temps après, il travaillait avec ses bœufs dans le champ et, pour activer leur marche leur dit : *huich gar skaù*, allez, jambe de sureau ; et aussitôt la cuisse de sureau du bœuf tomba, et il ne pouvait plus marcher ; il dut le tuer et le manger. Il reconnut alors, mais trop tard, que c'était la cuisse de son propre bœuf qu'il avait déjà mangée.

XII

Tud er sabbat. — Les gens du sabbat.

Jusqu'à ces temps derniers, une blanchisseuse, dite Rosalie Pou-Kimbr, qui, après les enterrements, quelquefois avant, criait partout, surtout dans les débits de boissons, qu'elle fréquentait beaucoup, et au bord des *douets* (lavoirs), où elle lavait, qu'elle avait prédit cette mort depuis plusieurs jours.

Par ses récits, elle s'était fait une certaine notoriété, l'on n'osait pas la contredire, par crainte des gens du sabbat qu'elle fréquentait.

Un jour, elle avait annoncé que la grande croix reviendrait sur pied du cimetière reprendre un deuxième mort, et qu'elle passerait dans la venelle venant de la route de la Trinité-sur-Mer à la maison Guézel.

Huit jours après, deux personnes mouraient au bourg, et leur enterrement étant de 1re classe, la grande croix revint sur pied et passa par ce chemin pour prendre le corps du capitaine des douanes en retraite, mort dans ce quartier.

Un autre jour, elle annonça qu'un grand enterrement viendrait du côté d'Auray et que la grande croix irait au-devant de la voiture jusqu'à la chapelle.

Quelques jours après arrivait d'Auray le corps d'une dame, qui suivit exactement l'itinéraire indiqué par Rosalie.

XIII

K. B.

Chaque fois qu'il y a un décès dans sa famille, il prévient ses proches parents plusieurs jours avant la mort.

Un jour, il alla voir une de ses nièces malades. En rentrant, il prévint sa femme que sa nièce ne vivrait plus longtemps ; son enterrement était entré avec lui dans le bourg, et il lui indiqua toutes les personnes qui faisaient partie du cortège.

Quelques jours après, sa nièce mourait, et toutes les personnes indiquées se trouvaient à l'enterrement.

Il en fut de même des enterrements de ses cousins et cousines ; il était toujours prévenu d'avance.

Son frère vit son propre enterrement. En revenant du bourg, il croisa en plein jour, près de Kroez er Guen, un enterrement où il reconnut tous ses parents et amis. Quelques jours après, il contracta une maladie dont il mourut peu après.

XIV

Le père L. M.

Très souvent il ne peut dormir, rien ne le retient au lit, il est soulevé par une force invincible. Il doit alors se lever et sortir prendre l'air. C'est à ce moment qu'il rencontre ou aperçoit les enterrements se diriger vers le bourg.

Il reconnait fort bien les gens qui accompagnent le mort, et le mort lui-même. Et il est une foule de morts dont il avait annoncé le décès à sa famille et à quelques-uns de ses amis.

Parfois il n'entend que les tintements des petites cloches des enterrements. Si ces bruits ou ces apparitions se font le soir avant minuit, la mort peut se faire attendre plusieurs semaines, plusieurs mois même. Mais si on les entend le matin, c'est que la mort sera prompte.

CHAPITRE III

Spontaill. — Revenants.

I

Kohlé Porh en Drou. — Taureau Porh-en-Dro.

A Carnac-Plage, au lieu dit Porh-en-Drou, il y
avait autrefois un revenant appellé *Kohlé* (taureau)
Porh en Drou.

Il n'était pas méchant, mais il se plaisait à faire
mille farces aux habitants des villages riverains de
la côte, aux personnes qui s'attardaient au bord de
la mer, et surtout aux pêcheurs.

On le rencontrait souvent sous forme de taureau,
courant le long de la plage ; ses mugissements faisaient trembler tout le voisinage.

Un jour, un cultivateur de Légénèse, ayant
perdu son taureau, le chercha pendant la nuit ; il

en trouva un absolument semblable au sien au lieu dit Parc-er-Meskeù ; il l'amena à son étable. Mais, aussitôt attaché, il se transforma en homme et partit, à la stupéfaction du cultivateur, en battant des mains et en riant aux éclats.

Avant les tempêtes, on l'entendait se lamenter sur les rochers du voisinage. Très souvent, pendant la nuit, il arrivait dans les villages, appelant les hommes pour relever du goëmon (varech) rejeté par les flots. Il leur disait d'aller au plus vite s'ils voulaient en avoir. Lorsque ces cultivateurs arrivaient avec leurs fourches, parfois même avec leurs charrettes attelées, il n'y avait absolument rien sur la plage ; alors Kohlé Porh-en-Drou battait des mains et se retirait dans l'eau en se moquant d'eux.

Très souvent aussi, il se laissait prendre la nuit par les pêcheurs, sous forme de poisson.

Un soir, des pêcheurs du bourg avaient pris un énorme malbar ; ils le mirent dans un sac, parce qu'il était très lourd, et ils rentrèrent. Arrivés chez eux, ils vidèrent leur sac, et il en sortit, non pas un poisson, mais un beau jeune homme qui se sauva en riant et en battant des mains, à la barbe des pêcheurs ébahis et épouvantés.

Il y a cinquante ans, Kohlé Porh-en-Drou était
la terreur des gens du bord de la mer ; on en parlait
à dix lieues à la ronde.

II

Paotr Pen er Lo. — Garçon de Pen-er-Lo.

Pen-er-Lo est une pointe de sable de la falaise de
Quiberon, sur l'anse du Pô, exactement à l'ouest
du village de ce nom.

Avant la construction de la route nationale d'Auray à Quiberon, cette pointe était très fréquentée
par les piétons qui rentraient dans la presqu'île ou
en sortaient. Ce trajet écourtait énormément la
route. A marée basse, on y passait, par le *ster* ou
vasière, en se déchaussant. A marée haute, le passage se faisait en barque.

Sur cette pointe et dans son voisinage se tenait
Paotr Pen er Lo, autrement dit le garçon de Pen-
er-Lo.

Lorsque des voyageurs s'aventuraient la nuit sur
le ster, Paotr Pen er Lo s'offrait presque toujours
pour les guider, et si la conversation ne lui conve-
nait pas, il les égarait dans la vasière, où ils restaient

généralement jusqu'à la pointe du jour, ou jusqu'à ce que leurs appels désespérés aient amené quelques habitants des villages de Kerkroch ou du Pô à venir à leur secours et les mettre dans le droit chemin.

Un soir, pour surprendre la bonne foi des gens qui venaient au secours de ses victimes, il s'embourba lui-même en criant : Au secours! au secours! Un homme charitable du village de Kerkroch vint le prendre et le dégager, et comme il paraissait exténué, cet homme le mit sur son dos pour l'amener chez lui. Mais dès qu'il arriva à sa porte, Paotr Pen er Lo se sauva en se moquant de lui.

A la suite de ce fait, plusieurs voyageurs furent noyés dans la vasière, près de Men-Rostir, ou plutôt Roh-er-ster, embourbés dans la vase et surpris par la marée montante ; personne n'osait plus aller leur porter secours. A marée haute, Paotr Pen er Lo faisait des appels pressants aux bateliers du Pô pour venir le chercher d'urgence. Les bateliers armaient leur embarcation à la hâte et se rendaient à force de rames à Pen er Lo. Arrivés là, Paotr Pen er Lo se sauvait en se moquant d'eux.

Quelquefois il embarquait dans le bateau, qui coulait presque sous son poids, au grand désespoir des matelots. Arrivés au milieu du chenal, Paotr

Pen er Lo les rassurait et plongeait dans la mer.

Il les surprenait souvent, parce qu'à chaque fois il changeait sa voix et la façon de les appeler, imitant tantôt la voix d'un homme, d'une femme, d'un enfant, souvent les voix de plusieurs personnes ensemble.

III

La femme Bertic Michel, du Pô, a entendu souvent Paotr Pen er Lo. Un jour, en plein midi, elle avait entendu des gens crier à Pen er Lo, comme si des hommes se noyaient. Elle prévint les douaniers, qui en riaient, disant que c'était encore Paotr Pen er Lo. Huit jours après, G. C. appelait le douanier pour aller le prendre dans ce lieu. Revenant ensemble dans une petite plate surchagée, elle coula, et les deux hommes se noyèrent exactement à la même heure que l'avait dit la femme Bertic.

IV

Deux hommes du village de Kerlégéan trouvèrent un soir un énorme poisson près du pont du moulin du Pô ; ils le montèrent sur une brouette pour l'amener chez eux. Arrivés à leurs portes, le poisson se leva et se sauva en riant et en se moquant d'eux. C'était Paotr Pen er Lô.

V

Un jour de tempête, un pêcheur du Bono rentrait à l'abri dans l'anse du Pô, lorsqu'en arrivant près du rocher de Kerivor, le patron vit la tête d'un homme recouvert d'un grand chapeau plat en feutre sortir de l'eau et de ses mains énormes saisir l'arrière de son bateau pour le diriger à son gré; il en eut peur et quitta la barre. Le bateau fut conduit sans accident jusqu'à la cale du Pô.

VI

Un cultivateur du bourg de Plouharnel, le père Pocard, allait un soir à Quiberon. En passant sur le pont du Bégo (entrée de la falaise), il rencontra un cheval égaré ayant une selle et une couverture sur le dos. — Tiens, dit le père Pocard, ceci ferait bien mon affaire. Et il monta sur le cheval ; mais aussitôt le cheval quitta la route et entra dans la vasière, en ce moment couverte d'eau, en galopant de toutes ses forces. Le père Pocard eut peur et, craignant d'être entraîné trop loin, il se laissa tomber, il n'eut aucun mal ; mais il dut rentrer chez lui pour se changer, et son voyage fut retardé d'un jour.

VII

Les anciens de Quiberon croyaient que la presqu'île sablonneuse de Pen er Lô, dans la falaise de Quiberon, était hantée par un génie d'une ravissante beauté et à la voix mélodieuse, qui s'appelait Paotr Pen er Lô.

Avant la construction de la route de Plouharnel à Quiberon, ceux qui passaient par là pour aller à Quiberon ou pour se rendre à la grande côte avaient à franchir le gué du Ster. Lorsque les voyageurs se laissaient surprendre par la nuit ou que la marée entrait dans le gué, ce génie se présentait à eux et leur proposait de les transporter sur son dos de l'autre côté. S'ils acceptaient, il s'avançait avec son fardeau jusqu'au milieu du passage, et, en riant à gorge déployée, précipitait dans la mer le voyageur qui était monté sur son dos.

(Abbé Collet, *Revue des traditions populaires*, n° 7, juillet 1901, p. 364).

VIII

Paotr en treih Bras. — Garçon de la Grande-Côte.

Paotr en treih Bras se tient sur la côte sauvage de Quiberon à Etel, et se présente aux pêcheurs et aux chercheurs de goëmons sous forme de jeune homme, de taureau, quelquefois sous forme de poisson et même de veau.

Un soir, des cultivateurs du village d'Erdeven pêchaient à la senne, en face de Kerhillio ; ils tirèrent des quantités de poissons, mais lorsqu'ils les sortirent de l'eau, un homme paraissant être un géant leur apparut en disant : Ah ! ah ! Aussitôt les pêcheurs improvisés lâchèrent leur senne et leurs poissons et rentrèrent chez eux,

Un autre soir, il fut tiré à terre sous forme de taureau, et lorsqu'on voulut le dégager du filet il se sauva en battant des pattes, d'où sortaient des flammes de feu. Un soir, un cultivateur du village de Kercouriec sortit de son lit en chemise pour gâter un peu d'eau ; il vit un superbe veau qui courait près de sa demeure, il ouvrit la porte de son étable et voulut l'y faire entrer, mais il eut beau courir après et l'amener jusqu'à la porte, chaque fois le veau trouvait moyen de s'échapper. Ce jeu se continua jusqu'à la pointe du jour ; alors le veau se sauva vers la mer en criant : Va te coucher maintenant, voilà le jour. Et il rentra tout honteux et transi de froid : il avait été joué par Paotr en treih Bras.

IX

Spontaill Kerbihan. — Revenant de Kerbihan.

Un ancien receveur des douanes de la Trinité-sur-Mer se noya un jour près de la pointe de Kerbihan. Longtemps après on l'entendait crier sur cette pointe : hou, hou, hou, et cela d'une façon si lugubre qu'il faisait trembler ceux qui l'entendaient. Un soir, une famille de Kérivilenne travaillait au champ au clair de la lune ; elle entendit crier et si près d'elle que toute la famille rentra précipitamment dans son village et, jamais après, elle ne voulut travailler au champ la nuit.

X

Er Mahr Melen. — L'Etalon jaune.

Er Marh Melen, l'étalon jaune, se tenait dans le voisinage des ruisseaux, mais surtout au bord de la rivière de Crach ; un soir, un cultivateur du village de Kergouët perdit son cheval ; il alla le chercher dans les bois de Kerihoran où il trouva un cheval qu'il crut le sien ; il monta dessus, mais aussitôt ce cheval se mit au galop, et le cultivateur ne vit que du feu autour de lui ; il fit sept fois le tour de Manni-seul et le jeta dans la rivière de Crach.

XI

Un cultivateur de Crach vit un soir un beau cavalier sur un superbe cheval jaune et voulut lui serrer la main ; le cavalier lui allongea les deux doigts de la main droite, qu'il toucha ; mais aussitôt son sang se glaça dans ses veines : il avait cru toucher les doigts d'un mort. C'était le cavalier du Marh-Melen.

XII

Paotr er Hroeg. — Garçon du Hroeg.

Paotr er Hroeg ou Kohlé er Hroeg, de Locmariaquer, se tient surtout au bord du rivage, près du galgal de ce nom, *Manni er Hroeg,* montagne de la vieille. Il se présente sous forme humaine et de taureau.

XIII

Paotr-Gelven. — Garçon du Guillevin.

Pautr-Guelven se tient à l'extrême pointe dite Guillevin, à Locmariaquer. Il se fait entendre avant la tempête par des cris plaintifs et lugubres.

Lorsqu'on est dans le bourg de Locmariaquer, l'on est convaincu que les cris viennent du Guillevin ; mais, si l'on se rend à cette pointe, les cris semblent provenir, au contraire, du bourg.

Ruisseau de Lanvelan à la mer. — Er Hoah.

Petit ruisseau à proximité et contournant le bourg de Carnac, de Lanvelan au nord jusqu'au Brêno au sud-sud-ouest.

XIV

Paotr Lanvelan. — Garçon de Lanvelan.

Paotr Lanvelan se tient dans les bas-fonds de ce nom, source du ruisseau Er Hoah, et se présente sous forme de taureau et de lumière.

XV

Paotr en hent marha. — Garçon du chemin du march

Paotr en hent marha se tient au passage du rui
seau au lieu dit Poul Person. Il se présente so
forme humaine et de chien.

XVI

Paotr er klud Sant-Mekel. — Garçon de la barriè
de Saint-Michel.

Avant la construction de la grande route actuel
de Carnac à la Trinité-sur-Mer, le chemin creu
qui desservait ce village traversait le ruisseau a
pied du tumulus de Saint-Michel, au lieu dit E
Rahek, et entrait dans les terres de labour. Il éta
fermé à cet endroit par une barrière en bois di
Klud Sant-Mekel. Paotr klud Sant Mekel se tena
la nuit près de cette barrière. Il ne faisait de mal
personne, mais il montait souvent sur le dos d
passants attardés, et ne les quittait guère qu'a
village de Cloucarnac, pour ceux qui marchaier
vers la Trinité, et au bourg pour ceux qui rentraier
à Carnac.

On ne le voyait généralement pas, mais on le sentait bien, et celui qui le portait suait à grosses gouttes. Un marin de Saint-Colomban, dont le navire était au port de la Trinité, rentrait un soir chez lui, dut le porter jusqu'à son village, distance 3 kilomètres, où il arriva exténué.

XVII

Paotr Fetan Goed. — Garçon de Fetan-Goed.

La route de Carnac aux villages de Kergoëlec, de Kerallan et de Beaumer traverse le ruisseau au lieu dit *Fetan Goed* (fontaine du bois). A cet endroit se tenait Paotr Fetan Goed, qui apparaissait sous différents aspects, homme, chat, lumière et lièvre.

Un soir un habitant de Beaumer rencontra là deux hommes, qu'il ne voyait pas mais qu'il entendait fort bien ; l'un marchait devant lui, l'autre à ses côtés ; celui-ci lui demanda s'il savait ses prières ; sur son affirmative, ils lui répondirent :

— C'est bien, sans cela tu aurais vu ce qui te serait arrivé. Un autre soir, il fut accompagné de Fetan Goed à la fontaine de Kergouëlec ; là il fut jeté dans un champ, par-dessus la haie, mais il n'eut aucun mal. — Un autre soir, un homme rencontra dans le chemin creux, vers Ranjouan, un cheval ; il voulut l'arrêter en le prenant par la crinière, mais il se piqua rudement, au lieu de crin il ne toucha qu'aux piques d'un bosquet d'aubépine.

XVIII

Tout dernièrement, octobre 1908, un ouvrier habitant une maisonnette construite près de Fetan Goed, fut réveillé par des plaintes qui semblaient sortir du ruisseau. Il se leva et se rendit vers l'endroit d'où semblaient sortir ces plaintes. Il ne trouva rien.

Couché de nouveau, son chien aboya, et sa femme entendit de nouveau les mêmes plaintes. Quoique impressionné, il se releva et sortit de nouveau. De nouveau, il n'entendit plus rien. C'était Paotr Fetan Goed.

XIX

Spontaill Pon er Hoah. — Revenant du Pont du Ruisseau.

Le sentier allant du bourg de Carnac aux villages de Kerlois et de Kerallan traverse le ruisseau au lieu dit Er Hoah. Les habitants de ces villages y ont construit un pont rudimentaire nommé Pon er Hoah.

Sous ce pont se tenait le revenant dit *Spontaill Pon er Hoah*, et nombreux sont ceux qui l'ont vu ou entendu ; parfois l'on entendait sous le pont un bruit semblable à celui d'un canard voulant prendre son vol. Quelquefois, c'était un lièvre qui, sortant de dessous le pont, passait entre les jambes de ceux qui s'aventuraient la nuit dans ce passage et les jetait souvent dans le ruisseau.

XX

En huitellour-nouz. — Le siffleur de nuit.

Le siffleur de nuit (*En huitellour-nouz*), s'entend surtout dans les bois et les buissons bordant les chemins creux. Il siffle de temps en temps, et l'écho de son sifflet fait trembler tout le voisinage. Malheur à ceux qui lui adresseraient la parole ou qui siffleraient la nuit.

Le passage à gué de la vieille route de Carnac au Hoah, aujourd'hui pont de la route de Carnac à la plage, était autrefois fréquenté par *En huitellour nouz*, le siffleur de nuit.

Un soir, des gens du bourg allaient à la pêche ; ils entendirent un premier coup de sifflet en quittant le bourg, près de la fontaine à la Vierge ; quelques-uns d'entre eux n'osèrent aller plus loin ; les plus courageux continuèrent leur route. En arrivant au Hoah (au ruisseau), ils entendirent un deuxième coup de sifflet qui leur fit dresser les cheveux.

Un sabotier qui était du nombre et qui avait bu quelques petits coups dans la journée, dit alors : — *Labour ha pou arhoah Paotr aveit kargein ha huitel a gauh* (Tu auras du travail demain, garçon, pour remplir ton sifflet de m...). Il n'avait pas terminé sa phrase qu'un poids lourd tomba sur ses épaules comme si un homme s'y était posé ; il était tellement lourd qu'à peine il pouvait le porter, et ils entendirent tous une voix qui semblait sortir d'une tombe et qui leur glaça le cœur, leur dire : — *Kerhet gel hou hent* (allez votre chemin).

Ils prirent le sentier de la caserne du Brêno (la route de la plage n'existant pas encore), en marchant les uns après les autres, sans dire un mot.

Ils firent leur pêche de même sans oser ouvrir la bouche ; le sabotier portait toujours son homme. Au retour, à la même place, le poids disparut, mais le sabotier jura que jamais il ne parlerait plus au *huitellour-nouz*.

Ruisseau de Verguézel à la mer. — Er Pusseu.

Petit ruisseau partant de Verguézel, au nord et à 1.100 mètres du bourg de Carnac, passant par le Pusso Cloucarnac pour rejoindre la mer à la fontaine de Kergouêlec.

XXI

Spontaill Verguézel. — Revenant de Verguézel.

La fontaine et le douet de Verguézel sont situés au bord de la route d'Auray à Carnac, à environ 1.100 mètres de Carnac. Là se tenait Spontaill Verguézel, qui se présentait sous forme de mouton. Un homme du bourg rencontra à cet endroit, un soir, un superbe mouton qu'il voulut prendre, mais dont il ne put jamais saisir la laine.

Les vieilles du quartier ont entendu à plusieurs reprises, une femme qui lavait son linge dans le douai, la nuit.

La jeune fille d'une maison voisine vit un soir, en

passant à côté du groupe de menhirs bordant la route à cet endroit, quelque chose de plat qui la suivait en sautant, mais elle ne put comprendre ce que cela pouvait être.

XXII

Paotr Fetan Sant-Mekel. — Garçon de la fontaine de Saint-Michel.

La fontaine de Saint-Michel est située au nord-est du tumulus de ce nom, près du ruisseau. Tout à côté se tenait Paotr Fetan Sant-Mekel, qui se présentait sous forme de mouton et de lièvre.

Un soir, des jeunes gens du voisinage allaient à la veillée. Arrivés près de Cloucarnac, ils entendirent des cris plaintifs provenant du côté de la fontaine de Saint-Michel ; ils crurent que quelqu'un était tombé dans les mares voisines ; ils s'y rendirent au plus vite, mais, arrivés près de la fontaine, ils entendirent les cris près des mares d'eau de Kermario, où se tenait autrefois un gros chien ; ils s'y rendirent du même pas, mais arrivés là, les cris provenaient du côté de Bossenno. Persuadés qu'ils étaient joués par Paotr Fetan Sant-Mekel, ils rentrèrent se coucher.

XXIII

Minour Grépon. — Fils unique de Grépon.

Grépon ou Narbonnek est un petit pont sur la route de Cloucarnac à Kermario. Là se tenait Minour Grépon, qui se présentait sous forme d'homme, de chien, de mouton, de lièvre et même de rat. Il se faisait un grand plaisir de lutter contre les passants attardés et de les jeter dans le ruisseau.

Le père Brizac y a été projeté souvent la nuit, même avec sa voiture.

Une demoiselle Guézel venant un soir de la Grande-Métairie fut entourée sur ce pont d'une bande de rats qui lui passaient entre les jambes en criant : couic, couic.

XXIV

Gad Koed er Blei. — Le lièvre du Bois-du-Loup.

Au bord de la route même de la Trinité, à 100 mètres environ et au sud-est du village de Cloucarnac, le ruisseau traversait un petit taillis appelé *Koed er Blei*, le Bois-du-Loup. Là se tenait *Gad Koed er Blei*, le lièvre du Bois-du-Loup. Ce lièvre se tenait dans ce lieu et suivait les passants attardés. Un soir, le père Bellégo, de Cloucarnac, rentrait de jouer aux cartes du village de Beaumer ; en passant près de ce bois, il entendit les arbres se heurter dans le taillis comme s'il eût fait une tempête, quoiqu'il fît très beau temps.

On y a vu aussi souvent des lumières.

XXV

Paotr Fetan Kergouelek. — Garçon de la fontaine de Kergouélek.

La fontaine de Kergouëlec est située au bord de la route de Carnac à Beaumer et près du ruisseau ; elle était fréquentée par Paotr Fetan Kergouëlek, qui se présentait sous différentes formes : de chien, de chat et d'homme. Il montait quelquefois sur le dos des passants, ou les jetait dans le ruisseau ou dans les champs voisins, en les passant par dessus les haies.

Ruisseau du Nignol à la mer.

Petit ruisseau partant du côté Est du village du Nignol, passant près et au sud de Rosnual à Kerloquet, pour se perdre dans les marais de Kerdual.

XXVI

Spontaill Kroez en Negnol. — Revenant de la croix du Nignol.

Kroez en Negnol, la croix du Nignol, est située sur la route de Carnac à Auray, à 2.100 mètres environ du bourg de Carnac, à la bifurcation du chemin du Moustoir. Là se tenait Spontaill Kroez en Nignol, qui se présentait sous forme de chien noir à longue queue, de lièvre et d'homme. Un soir, un homme du bord de la mer rentrait assez tard d'Auray. Il rencontra, non loin de la croix, un énorme chien noir à longue queue, qui se tenait au milieu de la route. En arrivant près de lui, il lui donna un coup de bâton ; mal lui en prit, car il fut projeté dans les airs et retomba dans les landes de Rosnual. Il eut plus de peur que de mal, et il jura que jamais il ne frapperait plus les bêtes la nuit.

Un jeune homme du Nignol y a vu un lièvre qui semblait le regarder comme s'il l'avait connu.

Un jeune tailleur de pierres a vu à deux reprises différentes, dans ce lieu, un buste humain, la tête, les bras et le torse, qui marchait en sautant sur la route.

XXVII

Kohlé Praren Rosnual. — Taureau des terrains vagues de Rosnual.

Praren Rosnual, terrains vagues de Rosnual, sont situés au sud du village, au bord du ruisseau. Au passage à gué, entre Rosnual et la petite-Métairie, se tenait un magnifique taureau. Un soir, J.-F. Ezanno, rentrait de veiller, trouva le taureau sur son chemin ; il voulut l'amener chez lui, à la Petite-Métairie ; mais le taureau le projeta plusieurs fois dans le ruisseau, et il dut rentrer à la maison, trempé jusqu'aux os.

XXVIII

Paotr Fetaneù. — Garçon du Fetanio.

Fetaneu, fetanio, les fontaines, est situé entre Kercado et la Grande-Métairie, le ruisseau est coupé par un sentier où se tenait Paotr Fetaneù, qui se présentait sous forme de mouton. Il aimait caresser les passants en posant sa patte sur la main des personnes qui s'appuyaient sur le mur pour passer le ruisseau.

Louis Gahinet l'a senti plusieurs fois sans en avoir eu peur. Un soir, il venait de veiller à Kercado, il entendait un bruit épouvantable avant d'arriver à ce passage. Aussitôt arrivé, il vit un feu ardent qui lui masquait le sentier ; il ne put passer le ruisseau qu'en se mettant à genoux.

XXIX

Spontaill loast el len. — Revenant de la Queue-de-l'Etang.

Loast el len, la queue de l'Etang, est la partie nord des marais de Kerdual, entre Kermeaux et Kerousse, où se trouve un passage sur le ruisseau ; là se tenait Spontaill loaste en lenn, qui se présentait sous forme de lièvre, de chien et de mouton ; il s'amusait à jeter les passants dans le ruisseau.

XXX

Spontaill er men Du. — Revenant de la Pierre-noire.

Er men du, la pierre noire, est située au bord de la mer, entre la plage de Beaumer et les marais salants de Kerdual. Dans cette dune se tient un

spontaill, revenant que l'on entend crier surtou
avant et pendant les tempêtes.

Quelques douaniers, de faction sur les marais
l'ont entendu à plusieurs reprises.

Ruisseau de Kerlescan à la mer.

Petit ruisseau partant des bois du Laz, passan
près et à l'ouest du village de Kerlescan, pou
prendre la mer dans les marais du Quéic.

XXXI

Spontaill lat er Fetan. — Revenant près de le
Fontaine

Tal er Fetan (près de la fontaine), située au sud-
ouest du village de Kerlescan, était fréquentée pa
un spontail qui se présentait surtout sous forme de
chien et de chat.

XXXII

Paotr-Fetan-er-Entru. — Garçon de la fontain
du Monsieur.

Fetan er Entru (la fontaine du Monsieur), est
située au nord du village de Kerhoh, et était fréquentée par un *spontaill* (revenant, dit *Paotr-Fetan*

er-Eutru). Il se présentait sous différentes formes.

Une femme du Laz l'a rencontré dernièrement sous forme de chien ; elle était elle-même accompagnée de son chien, très hargneux, mais dès qu'il aperçut celui-là, il se jeta entre les jambes de sa patronne et ne voulait plus avancer.

Un jeune homme de Kerlescan rentrait chez lui un soir vers minuit. Passant près de la fontaine, il entendit quelqu'un sauter du mur près de lui et l'entendit courir devant lui dans l'ornière du chemin creux, et l'eau sauter de tous les côtés sur son passage, mais il ne vit absolument rien.

Une vieille femme, du même village, passait là un soir, à la brume de nuit, avec une potée de lait caillé ; elle fut projetée dans le champ voisin, sans avoir eu de mal et sans gâter son lait.

Deux jeunes gens de Kerousse, venant un soir veiller au village de Kerlescan, passèrent dans le champ derrière la ferme de Kerhoh ; ils rencontrèrent là un gros cochon gras ; ils voulurent le saisir, mais ne purent jamais mettre la main dessus ; le cochon les jetait toujours à terre et sautait comme une chèvre au-dessus du mur. Ils ont toujours cru qu'ils eurent affaire, ce soir-là, à Paotr-Fetan er Eutru.

XXXIII

Paotr pont kerhek. — Garçon du pont de l'avoine.

Pont kerhek (pont d'avoine), est situé près et à l'angle nord-ouest du mur de l'enclos du château de Kercado. Ce pont est fréquenté par un revenant, Paotr-pon-kerhek, qui se présente sous différentes formes.

Un soir, le cheval d'un cultivateur de Kerlescan n'était pas rentré ; le fils et le domestique allèrent le chercher dans les bas-fonds de Kercado. En sortant du village, ils entendirent du bruit comme si quelqu'un bouchait le *toula* (entrée) d'un champ, en posant les pierres avec force les unes contre les autres ; lorsqu'ils arrivèrent près de Pont kerhek, ils virent quelque chose d'énorme rentrer précipitamment dans le chemin creux de Kercado, en faisant un bruit absolument comme si tous les murs de l'enclos tombaient à la fois. Effrayés, ils rentrèrent à la maison, sans plus s'occuper de leur cheval.

Un ouvrier de la Trinité, passant là un soir, s'assit sur le mur, près du pont, en disant : il paraît qu'il y a un spontail ici, je voudrais bien le voir.

Aussitôt il fut projeté dans le ruisseau : partout

où il posait les mains, il ne trouvait que du
poil. C'est pourquoi l'on dit que Paotr-pon-kerhek
avait du poil aux jambes, ou encore Spontail-
blaùeuk. — Un soir, les jeunes gens de Kerlescan
chassaient aux collets, dans les bois de Manni-
Renoh, lorsqu'ils entendirent les arbres se heurter
les uns contre les autres en faisant un bruit extraordinaire, comme s'il y eût une grande tempête, alors
qu'il faisait très beau temps, sans un souffle de vent,

XXXIV

*Paotr tennad er-varkèz. — Garçon du champ du
bas-fond.*

Tennad er-varkèz est situé à l'ouest du vieux
moulin de Kerdeneven. Là se tient spontaill ou
Paotr-tennad er-varkèz. Tout dernièrement, un
jeune homme du Quéric passait dans ce champ le
soir, lorsqu'un homme qui paraissait énorme lui
barra le chemin. Il n'insista pas et rentra chez lui.

D'autres personnes ont été effrayées dans ce
même lieu par un mouton.

XXXV

Spontaill-pont-melein Kerdeneven. — Revenant du pont du moulin de Kerdeneven.

Pont-melein-Kerdeneven, pont du moulin de Kerdeneven, est situé à 100 mètres et au sud du moulin à vent de ce nom. Ce pont est fréquenté par un revenant appelé Spontaill-pont-melein-Kerdeneven, qui se présente sous différentes formes, mais surtout sous forme d'un lièvre blanc.

XXXVI

Spontaill-pont-er-Gérek. — Revenant du pont du Quéric.

La route de Carnac à la Trinité-sur-Mer traverse les marais du Quéric par une digue ayant une vanne appelée *Pont-er-Gérek* (le pont du Quéric). Là se tenait autrefois un revenant célèbre, dit Spontaill-er-Gérek.

Il se présentait sous différentes formes, tantôt comme un homme, souvent comme un chat, comme un buisson de feu, mais surtout comme un lièvre.

Il apparaissait et disparaissait toujours aux mêmes endroits. Souvent il s'engouffrait sous le pont de la vanne. Certaines personnes ne le voyaient pas, mais l'entendaient fort bien. Il sortait et rentrait aussi parfois dans l'escalier du sentier du Quéric. Il ne faisait de mal à personne, mais malheur à ceux qui essayaient de le prendre ou de le frapper, ils étaient sûrs d'être jetés dans les marais ou dans les buissons de lande du voisinage, d'où ils ne se relevaient jamais seuls.

Ce spontail était l'âme d'un homme du voisinage qui accomplissait sa pénitence pour quelques péchés qu'il avait commis sur la terre, et qui ne lui avaient pas été pardonnés ; aujourd'hui sa pénitence est terminée, on ne le voit plus.

Un menuisier de Carnac, travaillant à la Trinité, rentrait tous les soirs chez lui ; il a entendu à plusieurs reprises, à cet endroit, les pas d'un homme qui le suivait, mais ne l'a jamais vu.

XXXVII

Gad hent-Kerdual. — Le lièvre du chemin de Kerdual.

La route de Kerdual à Kervinio était fréquentée par un lièvre blanc, qui escortait généralement les passants attardés. Lorsque la grande route actuelle de la Trinité fut faite, le lièvre se tenait de préférence au croisement des chemins et suivait les gens jusqu'au pont du Quéric.

Ruisseau de Coët-à-Tous à Gouyandeur.

Ruisseau partant de la commune de Plœmel, passant par Kergrim, Coët-à-Tous et Gouyandeur, pour se jeter à la mer à Coët-er-hour, au haut de la rivière de Crach.

XXXVIII

Spontaill pont Plantèque. — Revenant du pont Plantèque.

Le pont Plantèque est situé dans la commune de Plœmel, entre le village de Kerevin et le bourg à l'est-sud-est de celui-ci Sur ce pont, et dans son voisinage, se tient spontail ou Paotr-pont-Plantèque qui se présente aux passants attardés sous forme de cheval fantastique. Malheur à celui qui voudrait le monter ou le prendre. Il descend le cours d'eau au triple galop, en faisant un bruit extraordinaire. Parfois il s'en prend aux passants et les jette dans le ruisseau ; très souvent il est invisible, mais on entend ses hennissements infernaux dans les haies avoisinantes.

XXXIX

Spontaill pont-Kahek. — Revenant du pont du petit chat.

Le pont Kahek est situé entre les villages de Kerevin, commune de Plœmel, et de Kergroix, commune de Carnac. Sur ce pont se présente Spontaill pont-Kahek, sous forme de chien et de lièvre. Il prend un grand plaisir à jeter les passants attardés dans les ruisseaux.

XL

Paotr-pont-Kerveneù. — Garçon du pont de Kerveno.

Le pont de Kerveno est situé sur la route de Carnac à Plœmel ; il est célèbre dans les communes voisines par son revenant dit Paotr-pont-Kerveneù. Il se présente sous différentes formes, mais surtout comme mouton ou chien, quelquefois comme un homme d'une taille extraordinaire. Il aime à projeter les passants dans le ruisseau, sans toutefois leur faire de mal.

XLI

Spontaill-pont-en-hent-marhat. — Revenant du pont du chemin du marché.

Le pont du hent-marhat est situé entre les villages de Kergo et de Kergrim ; là se tient Spontaill-pont-en-hent-marhat, sous forme de chien noir et de chat.

XLII

Paotr-pont-Cordenn. — Garçon du pont Cordage.

Le pont ou plutôt le passage à gué de Cordenn est situé entre les villages de Kergrim et de Coët-à-tous; c'est un des plus dangereux et des plus mal réputés du pays. Là se tient Paotr-pont-Cordenn, qui apparaît sous forme de chien, de chat, de cheval, de mouton et de taureau. La veuve Corvec, de Kerguierch, aujourd'hui (janvier 1909), âgée de 82 ans, alla un soir, lorsqu'elle était encore petite fille, avec sa sœur aînée prendre la couturière qui travaillait au village de Kergrim. Avant de partir, les habitants de ce village lui dirent : « Prenez garde au Spontaill de Pont-Cordenn. — Je voudrais bien le voir une fois, dit la couturière ; je l'arrangerais avec mes ciseaux. » Lorsqu'elles rentraient toutes les trois dans le sentier qui conduit à ce passage à gué, elles entendirent du bruit, mais sans pouvoir se rendre compte de ce que cela pouvait être. Avec sa sœur, elle passa le pont ; mais la couturière fut projetée dans la haie de lande voisine et criait de venir la dégager. Elles revinrent sur leurs pas et retirèrent la couturière de sa mauvaise position ; mais lorsqu'elles furent toutes les trois de l'autre côté, elles virent un animal fantastique, extraordinaire même, qui ressemblait bien à un cochon, mais il était tout noir, marcher devant elles. Elles voulurent le dépasser, il se transforma alors en taureau, de couleur noire et blanche. Elles voulurent le saisir, mais il se retourna vers elles, et elles virent ses cornes s'agrandir d'une façon merveilleuse au-dessus de sa tête ; elles devinrent longues, longues comme des bras grands ouverts. Elles furent effrayées et rentrèrent chez elles sans rien dire.

Tout dernièrement encore, des jeunes gens du voisinage, revenant de faire une veillée, trouvèrent un énorme chien noir debout au milieu du passage. Ils n'osèrent pas le déranger et rebroussèrent chemin.

D'autres personnes ont été projetées dans le ruisseau et d'autres ont entendu un cheval galoper dans le ruisseau.

XLIII

Spontaill-Pont-Coët-à-Tous. — Revenant du Pont de Coët-à-Tous.

Le pont de Coët-à-Tous (l'ancien), est situé à l'entrée et au sud du village de Coët-à-Tous. Sur ce pont se tenait Paotr-pont-Coët-à-Tous qui se présentait sous forme de chien, de lièvre, de mouton et de chat ; il ne dépassait guère la limite de la vieille croix placée près et au sud de ce pont. La veuve Kerdavid, aujourd'hui (janvier 1909) âgée de 87 ans, a entendu souvent le bruit d'une vieille charrette passer sur ce pont et dans le chemin y aboutissant.

XLIV

Paotr-pont-er-Meneh. — Garçon du Pont du Moine.

Pont-er-Meneh, ou plutôt le passage à gué dit Pont-er-Meneh, est situé entre les villages de

Coët-à-Tous et du Moustoir ; il a été fait par saint Guénolé qui, étant moine au Moustoir, allait tous les jours dire sa messe à Coët-à-Tous. Là se tenait Paotr-pont-er-Meneh, sous forme de mouton, de chèvre blanche, de chien et de chat. Il aimait jeter les passants attardés dans le ruisseau.

XLV

Paotr-pont Ti-lest. — Garçon du Pont de la Maison du Vaisseau.

Pont-Ti-lest, ou passage à gué de Tilestre, se trouve à 200 mètres environ plus bas que le précédent. Paotr-pont-Ti-lest se manifeste surtout sous forme de lumière.

Le père David, du Moustoir, avait perdu un soir son cheval ; il alla le chercher dans les bois au bord du ruisseau, du côté de Pon-er-Meneh et de Pont-Ti-lest. En arrivant, il entendait son cheval qui hennissait du côté de Coët-à-Tous, il passa de ce côté par Pont-er-Meneh ; il entendait alors son cheval qui hennissait du côté du Moustoir ; il repassa de ce côté par Pont-Ti-lest, et

de nouveau il entendait son cheval hennir du côté
de Coët-à-Tous. Il fit ainsi ce voyage plusieurs
fois pendant la nuit ; fatigué, il rentra chez lui au
petit jour, et il trouva son cheval tranquille dans
l'écurie.

XLVI

*Spontaill-Pont-Neui-Gouyaneur.   —   Revenant du
Pont neuf de Gouyaneur.*

Pont-Neui-Gouyaneur, Pont-Neuf de Gouyaneur, est fait spécialement pour la route de la
Trinité-sur-Mer à Auray, il est gardé par un spontaill dit Paotr-pont-Neui, il se présente sous forme
de chèvre, de mouton et de chien, et jette les passants dans le ruisseau.

Deux cultivateurs du Monstoir rentraient un
soir, assez tard, d'Auray, lorsqu'en passant sur
ce pont ils furent projetés dans le cours d'eau,
et eurent de grandes difficultés pour s'en retirer.
L'un d'eux ne savait pas nager, il tomba heureusement près du bord ; mais l'autre, qui savait
nager, fut jeté au milieu du ruisseau profond à
ce moment de près de 3 mètres d'eau, et cela en

plein hiver. Ils ont toujours affirmé avoir été jetés par Paotr-pont-Neui.

XLVII

Spontaill-pont-Gouyanzeur-ou Pont-er-len. — Revenant du Pont de Gouyanzeur.

Pont-Gouyanzeur se trouve près du moulin à eau de ce nom. Paotr-er-pon se présentait sous différentes formes et aimait à jeter les passants dans l'étang du Moulin.

XLVIII

Paotr-pont-er-Stank. — Garçon du pont du bas fond.

Pont-er Stank est à cent mètres à peine du précédent ; il était gardé par Paotr-pont-er-Stank qui se présentait sous forme de mouton, de chien et de chat.

XLIX

Paotr-pont-Milen-Coët-er-hour. — Garçon du Pont-du-Moulin de Coët-er-hour.

Pont-Coët-er-hour est en face du village, et près du moulin à eau de ce nom, tout à côté du bras de mer sur la rivière de Crach. Là se tenait Paotr-pont-Milen-Coët-er-hour, qui se présentait sous différentes formes, mais surtout de chien noir et de chat. Avant les grandes tempêtes il faisait entendre des cris plaintifs.

Affluents du Ruisseau de Coët-à-Tous à Gouyanzeur

Petit ruisseau partant des bas-fonds de Kerlann et du Nignol, se dirigeant vers Noterio, première branche.

L

Paotr-Poul-Levan. — Garçon de la mare de Levan.

Poul-Levan est une mare d'eau située à l'est et près du village de Kerlann, où se tient Spontaill-Poul-Levan. Il se présente la nuit sous différentes formes, mais surtout sous forme de cheval galopant dans la mare en projetant du feu de tous les côtés, et en faisant un bruit épouvantable.

LI

Spontaill-Pont-Fetan-Levek. — Revenant du Pont de la Fontaine-Livec.

Pont-Fetan-Levek est situé au nord de Poul-

Levan, entre les villages de Kerlann et du Nignol.
Dans ce passage se tenait Spontaill-Fetan-Levek.

La veuve Mary, de Kerlann, a entendu là, un
soir, de profonds soupirs. Croyant qu'il y avait
quelque ivrogne couché dans les environs, elle
regarda tout autour des haies ; mais elle ne vit
absolument rien. Lorsqu'elle passa sur le pont,
elle entendit un soupir bien plus fort que tous
les autres, et qui lui glaça le sang de ses veines.
Elle put à peine se traîner chez elle.

Un soir, trois jeunes gens du voisinage du
Nignol, de Rosnual et de Kermario, revenaient
de faire la veillée au village de Kerlann. Arrivés
à Pon-Fetan-Levek, ils virent quelque chose de
blanc tout à côté de la haie.

L'un d'eux s'en approcha pour s'assurer de
ce que cela pouvait être ; mais, avant qu'il fût
arrivé, cet objet s'éleva dans les airs, tout en
augmentant de volume, et se dirigea vers les
villages de Kerléar et de Keriaval. Chose incom-
préhensible, il ressemblait à un pâté de 3 maisons
accolées.

Les jeunes gens, quoique fortement émotionnés,
continuèrent leur route. Celui du Nignol rentra
dans ce village ; les deux autres marchèrent

jusqu'à la route de Carnac à Auray ; l'un d'eux voulut amener l'autre dormir chez lui à Rosnual, mais il ne voulut point. Quelques instants après leur séparation, ils entendirent un cri épouvantable qui semblait provenir des airs, mais ils ne virent absolument rien. Celui de Kermario gagna sa demeure en courant, mais celui de Rosnual, qui arrivait chez lui en ce moment, saisit des deux mains le barreau de la croisée et se mit à crier au secours jusqu'à ce que ses parents vinssent le chercher. Ils durent décrocher ses mains du barreau, et ils le crurent fou pendant un moment.

LII

Paotr-er-Ponnek. — Garçon du Petit-Pont.

Er-Ponnek le petit pont est situé entre les villages de Kerlann et du Notério, il était fréquenté par le Spontaill er Ponnek qui se présentait aux passants sous forme de chien et de mouton. Un jeune homme de Kerléar fut jeté un soir dans le ruisseau avec son chien, sans avoir eu de mal,

Petit ruisseau partant du sud de Kérogèle se dirigeant vers Noterio, deuxième branche.

LIII

Gravah-er-Hroég. — La brouette de la fée.

A l'ouest du village de Kerogèle, tout à côté du ruisseau, l'on entend, quelques jours avant les tempêtes, le bruit d'une mauvaise brouette à hruig à hroag, à hruig à hroag. Partant des landes de Kergonan, elle se dirige par le chemin de Kerogèle jusqu'à Toul er-Fetànnik de Coët-Cougam. C'est le bruit de la brouette qui avait servi aux chouans pendant la Révolution à transporter le corps d'un soldat républicain qu'ils avaient assassiné dans les bois de Kergonan, jusqu'à Toul-er-Fetannik où ils l'avaient enfoui.

LIV

Spontaill-Pont-Augèle. — Revenant du Pont-Augèle.

Pont-Augèle est situé dans la vieille route du village de Kerogèle à Carnac. Ce pont est gardé par Paotr-Pont-Augèle qui se présente aux passants sous forme de cheval ou de cochon. Un homme du village de Kerogèle passait sur ce pont un matin de très belle heure ; il rencontra une truie avec une bande de porcelets.

Un homme du Nignol passait un soir sur ce même pont, trouva un cheval qui lui barrait le chemin ; il lui mit la main sur son arrière en lui disant : hail ta boh ; aussitôt le cheval partit au grand galop dans le ruisseau en projetant du feu de tous les côtés. Il en fut si effrayé qu'il en resta malade.

Le même petit ruisseau du Noterio à Coët-à-Tous.

LV

Paotr-Pont-er-Stannek. — Garçon du Pont des bas-fonds.

Pont-er-Stannek est un simple passage de sentier situé entre les villages du Notério et de Kerléar, où se tenait Spontaill-pont-er-Stannek. Un soir, un maçon du voisinage rentrait avec des amis du village du Nignol, où ils étaient allés dire leur prière auprès d'un mort. En arrivant dans ce sentier, ils virent un homme paraissant être un géant qui se tenait sur le passage du ruisseau ; à leur approche il se transforma en lièvre, puis, lorsqu'ils furent à quelques pas de lui, il se transforma de nouveau en un arbre très haut et énorme qui leur barra le sentier. Ils se sauvèrent alors chacun de leur côté, sans rien dire.

LVI

Paotr-Pont-Alré. — Garçon du Pont d'Auray.

Pont-Alré, Pont d'Auray, est situé entre les villages de Keriaval et du Notério, dans la vieille route de Quiberon à Auray. En hiver, après les grandes pluies, ce passage, autrefois très fréquenté, est impraticable. Les passants attardés trouvaient là, sur l'une ou l'autre des rives, un homme prêt à les guider et à les porter sur son dos. Il s'acquittait généralement bien de sa mission, mais, parfois, il entraînait son passager au fil de l'eau vers les ruisseaux de Coët-à-Tous, où celui-ci retrouvait son chemin à la pointe du jour ; quelquefois il les jetait simplement au milieu du ruisseau.

LVII

Soudard-Pon-Alré. — Le Soldat du Pont-d'Auray.

Soudard-Pont-Alré, le soldat du Pont-d'Auray, est un soldat républicain assassiné par les chouans pendant la révolution, et qui a été enterré sous la pierre qui sert de marche dans le sentier du Noterio, à son arrivée au bazen du Pont d'Auray. Il été vu souvent assis dans le « bazen », escalier traversant le mur.

LVIII

Paotr Coed-er-Varame. — Garçon du bois de la Dame

Coed-er-Varame, le bois de la dame, est situé au nord du village du Notério et est fréquenté par un spontail que l'on ne voit guère, mais que l'on entend souvent, surtout avant les tempêtes. C'est l'âme d'un soldat républicain assassiné pendant la révolution par les chouans du Belano et enterré dans ce bois. Depuis l'on entend ce malheureux se lamenter dans ce champ où l'on ne peut jamais faire entrer les bêtes la nuit.

LVIX

Paotr-er-Ponnek. — Garçon du Petit-Pont.

Er-Ponnek, le petit pont, est à l'entrée du chemin creux et à l'ouest du village de Crucuny. Sur ce pont se tenait Paotr-er-Ponnek qui aimait lutter avec les passants. Un jeune homme qui n'avait pas froid aux yeux alla un soir spécialement lutter contre lui. Arrivé sur le pont il le demanda ; aussitôt il fut projeté dans le ruisseau : Ah ! dit-il, ce n'est pas loyal ; je n'ai pu crocher, moi, attends ! mais dès qu'il se releva, il était de nouveau jeté dans l'eau quoiqu'il ne vit personne ; effrayé, il s'en alla en laissant son chapeau dans le ruisseau. Paotr-er-Ponnek courut après lui pour le lui remettre et le posa, plein d'eau, sur sa tête. Ce jeune homme n'a jamais eu, par la suite, envie de lutter contre les revenants.

Petit ruisseau passant aux villages de Quelvezin pour joindre celui de Coët-a-Tous à Fetan-er-fouse.

LX

Paotr-Pont-er-Bek. — Garçon du Pont de la Pie.

Pont-er-Bek, Pont de la Pie, est situé aujourd'hui

sur la voie de Quiberon à Auray, entre les villages du Querik et de Kerbois. Là se tenait Spontaill pont-er-Bek qui se présentait surtout sous forme de mouton, de cheval et de taureau ; il s'amusait à monter sur les épaules des passants et à les jeter dans le ruisseau.

LXI

Spontaill Praren-lann-Vihan. — Revenant des terrains des petites landes.

Praren-lann-Vihan, est situé près et au sud du village de Quelvezin. Là se tenait Spontail-Praren-lann-Vihan qui se présentait sous forme de chien, de chat et de lièvre.

LXII

Paotr-pont-hoarin. — Garçon du pont de la garenne

Pen-Hoarin est situé sur le ruisseau à 100 mètres environ et au nord-nord-ouest de la fontaine er-Fouse, sur le chemin de Quelvezin à la route d'Auray à Quiberon. Ce pont était fréquenté par

Paotr-pon-hoarin, qui se présentait sous forme de mouton et d'homme, qui prenait plaisir à faire prendre la route de Quelvezin aux habitants de Kermalvezin, et celle de Kermalvezin aux habitants de Quelvezin. Il les jetait aussi parfois dans le ruisseau.

LXIII

Paotr-Fetan-er-Fous. — Garçon de la Fontaine de la fosse.

Fetan-er-Fous, fontaine de la fosse, est située à 150 mètres environ et au nord de la route de Quiberon à Auray, non loin de la maison dite Riblair. Tout à côté de la fontaine passe le ruisseau, et là se tient Pautr-Fetan-er-Fouse, qui se présente sous forme de cheval et fait des bruits épouvantables en galopant dans le ruisseau en remontant, du passage à gué allant au dolmen de Clud-er-Yer, vers la fontaine.

A cette fontaine l'on voit souvent s'élever une lumière ; son eau est excellente pour les maux d'yeux.

Petit ruisseau partant de la fontaine du village

de Kerveno, traversant Kerguierch pour prendre l[e]
ruisseau de Coët-à-Tous.

LXIV

Paotr-fetan-Keveneù. — Garçon de la fontain[e]
de Kerveno.

Fetan Keveneù, la fontaine de Kerveno, es[t]
située près et au sud-est du village de ce nom. L[à]
se tient Pautr-fetan-Keveneù qui, sortant d'u[n]
pré voisin, suit le cours d'eau jusqu'à la fontain[e]
en criant : Lahem, Lahem, tuons, tuons. C'es[t]
l'âme d'un soldat républicain qui avait été tu[é]
dans ce pré pendant la révolution. Ce soldat passai[t]
dans le village de Kergo ; il rentra dans une de[s]
fermes en demandant une tasse de lait doux
« Attends, lui dit-on, on va t'en donner ». Le[s]
chouans du village s'assemblèrent aussitôt et l'a[i]
menèrent dans ce pré entre les villages de Kergu[i]
erch et de Kergo, au sud du village de Kerven[o]
où ils lui firent creuser sa fosse et l'assassinèren[t]
C'est depuis que l'on entend ce spontail crier su[r]
tout quand il fait mauvais temps.

LXV

*Paotr-Ponnek-Kerguierh. — Garçon du petit
pont de Kerguierh.*

Ponnek-Kerguierh est situé au sud du village
de ce nom, au passage de l'ancienne route de Quiberon à Auray, où passèrent les émigrés prisonniers
pris à Quiberon par le général Hoche, le soir du
21 juillet 1795. A cet endroit les chouans avaient
assassiné un officier français. Depuis cette époque,
pendant et avant les tempêtes, l'on voit et l'on
entend un cheval monté par un soldat qui galope
de toutes ses forces du champ dit Er-Briellek, près
de Kerguierch, au champ du même nom près du
Groez-hir.

Malheur à ceux qui se trouveraient dans son
chemin, car rien ne l'arrêterait.

La veuve Corvec, âgée de 82 ans, l'a vu une fois,
mais elle l'a entendu plusieurs fois et a fort bien
entendu le bruit de son sabre frapper entre les
jambes du cheval.

*Petit ruisseau partant des landes de Kergarec,
passant au nord du village du Moustoir pour prendre le ruisseau de Gougandeur.*

LXVI

*Paotr-Lann Kergarec. — Garçon des Landes
de Kergarec.*

Lann Kergarec, landes de Kergarec, sont situées à l'ouest du village de ce nom. Ces landes sont fréquentées par un spontail dit Paotr-lann-Kergarec, qui se tient surtout au croisement des chemins creux à l'entrée du village et se présente sous différentes formes, de cheval, de mouton, de chien et de chat. Il aime beaucoup égarer les gens. Un propriétaire de Kerlescan, passant là un soir avec son fils et des amis, se trompa de route ; pendant que son fils avec ses amis gagnaient la maison, il fut conduit du côté du village de Kerlagat. Il reconnut les dolmens situés près de ce village, mais il revint sur ses pas, et ne reconnut son chemin que lorsqu'il fut près de la chapelle de la Madeleine. Il rentra alors chez lui, mais il faisait déjà jour.

Un autre habitant de Kerlescan rentrait un soir en voiture avec sa femme ; son cheval s'arrêta sur la route au milieu des landes de Kergarec, et ils furent projetés avec leur voiture à plusieurs mètres du chemin.

LXVII

Paotr-er-Arbon. — Garçon du Narbon.

Er-Arbon, est situé près et au nord du village du Moustoir, sur la route de Carnac à Auray, sur le ruisseau même où se tient le spontail dit Pautr-er-Arbon.

Un jeune homme de Keriaval rentrait un soir en passant par le sentier de Narbon ; il fut arrêté par une masse d'eau comme un grand étang ; il ne put poursuivre sa route pas ce sentier, et dut prendre la route par le village du Moustoir, bien que le ruisseau fut à sec en ce moment.

Un cultivateur du Laz venait un soir d'Auray ; lorsqu'il arriva à Narbon, il fut arrêté par un agglomération de hautes maisons qu'il ne reconnaissait pas ; se croyant égaré, il revint sur ses pas jusqu'au village de Kergoret. Là, il se reconnaissait et se mettait dans le bon chemin, mais dès qu'il arrivait au Narbon, de nouveau il se heurtait à ces maisons ; il revenait de nouveau en arrière jusqu'à Kergoret pour revenir au Narbon, mais il ne put passer qu'au petit jour.

Le fermier actuel du débit voisin n'a jamais vu

Paotr-er-Narbon, mais il l'a entendu un soir sous forme de cheval qui galopait dans le ruisseau même.

Deux cultivateurs du village du Moustoir, revenant un soir d'Auray, rencontrèrent Marh-er-Narbon, l'étalon du Narbon, l'un d'eux monta dessus ; aussitôt, ce cheval se mit à galoper ventre à terre en projetant du feu tout autour de lui, et se dirigeant vers Kergarec où il jeta son cavalier dans la lande. Ce dernier eut plus de peur que de mal.

Un soir, les jeunes gens du Moustoir allèrent voler des pommes dans les vergers de Plœmel. En rentrant ils passèrent au Narbon où ils entendirent un vent extraordinaire, et furent tous jetés par dessus la haie dans un champ voisin, ainsi que leurs sacs de pommes.

Autre ruisseau du Ménec passant par Kergouillard et Kervégan pour joindre la mer aux Dounes.

LXVIII

Spontaill-Fetan-er-Venek. — Revenant de la fontaine du Ménec !

La fontaine du Ménec est située près et au sud-sud-ouest du village, près du lavoir ; là se tenait

Spontaill-Fetan-er-Venek, sous forme de blanchisseuse qui, toutes les nuits, lavait son linge sur une
des pierres du douai.

LXIX

Kah-er-pont-bihan. — Chat du petit pont.

Pont-bihan, le petit pont, est situé sur le ruisseau
dans la grande route de Carnac au Pô. Là se tenait
en permanence, la nuit, un chat appelé Kah-er-
pont-bihan, le chat du petit pont ; il était tantôt
gris, tantôt noir et même tout blanc. Il suivait les
passants jusqu'à Mànné-er-Groez ou jusqu'à Kervégan, et revenait toujours à son point de dé-
part.

Avant la construction de la grande route, il y
avait à cet endroit un simple passage à gué ; l'hiver,
les gros blocs seuls émergeaient au-dessus de l'eau,
et souvent le chat faisait glisser les passants dans
le ruisseau.

Un soir, la femme Bertic, du Pô, rentrait avec un
pain noir sur la tête ; elle rencontra Kah-er-pon-
bihan, qui la jeta avec son pain au-dessus la haie,
dans le champ voisin, et elle n'eut aucun mal.

LXX

Gad-guen-en-deun. — Le lièvre blanc du doune.

Sur le petit pont du doune, au fond de l'anse du Pô, se tenait un lièvre blanc qui suivait ou précédait les passants attardés dans les chemins du voisinage.

LXXI

Spontaill-poul-er-guèlen.

Poul-er-guèlen est une mare située entre les villages du Nignol et du Notério. Près de cette mare les chouans avaient assassiné, pendant la révolution, une vieille femme qui ne leur inspirait aucune confiance et l'avaient inhumée dans un champ voisin. Depuis ce jour l'on voit cette femme rôder dans le voisinage, et surtout l'on voit des lumières sortir de l'endroit où elle fut enterrée.

LXXII

Spontaill-poul-er-guib.

Il y avait à Plouharnel un étang appelé Poul-er-Guib, étang du revenant, non loin du village de

Kerkroc, où un esprit, plein de force et de jeunesse, se faisait un plaisir de provoquer à la lutte ceux qui passaient dans le voisinage. Le voyageur assez imprudent pour accepter le pari était sûr de s'égarer dans sa route, de coucher à la belle étoile ou d'être jeté comme une poupée par dessus les haies et les fossés, parfois même il était noyé au fond de l'étang. Aussi l'on craignait de passer auprès de cet étang la nuit. Quand la tempête soufflait avec violence, on entendait le Guib pousser des cris plaintifs, comme ceux d'une âme en peine qui implore du secours : quelquefois, par beau temps, on l'entendait crier aux paysans de venir chercher du goëmon à la côte. Quand ils venaient, ils n'en trouvaient pas et le lutin les raillait et se mettait à rire à gorge déployée.

> Abbé J. Collet, *Revue des traditions populaires*, n° 7, juillet 1901, page 396, d'après un manuscrit rédigé en 1872 et que possède l'auteur.

LXXIII

Gad-Kerkroc.

Gad-Kerkroc, le lièvre de Kerkroc, se voit la nuit

près de Poul-Amen, non loin du village de Kerkroc, commune de Plouharnel. Il ne faisait de mal à personne, et escortait facilement les gens qui passaient dans son voisinage.

Un jour, un chasseur du village tira dessus à bout portant, sans lui faire aucun mal. Depuis, le lièvre est entré dans sa demeure, même à plusieurs reprises. Jamais il n'a plus osé lui rien dire.

LXXIV

Paotr-toul-deur-en-iuarh-vras.

Toul-deur-en-iuarh-vras, trou d'eau du grand chemin creux, est situé au bord de la route de la Trinité à Auray, près du chemin de Kerlescan au Petit-Ménec. Cette mare est gardée par un spontaill dit Paotr-toul-deur-en-iuarh-vras. Un soir, le meunier de Kerdevenen, passant là en charrette, vit deux grandes mains s'étendre vers lui, le saisir et le jeter dans le trou d'eau. Il n'eut aucun mal, mais une grande frayeur. Un jeune forgeron de la Trinité, passant encore dernièrement près de cette mare, y fut jeté par une force invisible.

LXXV

Paotr-poul-er-pont.

Poul-er-pont, douai du pont, est situé entre les villages de Kermarquer et du Penher, commune de la Trinité. Près de ce lavoir se tenait Pautr-poul-er-pon, qui aimait laver son linge la nuit ; on l'entendait laver son linge sur les pierres voisines. Un soir, un marin de Kermarquer passa sa nuit à vouloir le prendre. Quand il frappait sur une pierre, il s'y rendait aussitôt ; le bruit se faisait entendre alors sur la pierre voisine et, ainsi de suite jusqu'à la pointe du jour. Un autre soir, un passant entendit, autour du douai, tous les arbres se balancer comme s'il y eût une tempête, quoique le temps fut au beau, sans le moindre vent.

LXXVI

Spontaill-poul-Lann-Lochet.

Poul-Lann-Lochet, douai de Lann-Lochet, est situé près du village de ce nom, dans la commune de Crach, où se tenait un revenant dit Spontaill-poul-Lann-Lochet. Il se présentait sous différentes formes et aimait à dérouter les passants attardés, et à les jeter dans la mare voisine.

LXXVII

Paotr-er-frond.

Paotr-er-frond se tient dans le chemin creux du village de Kergléverit, près du ruisseau du Roh-Du, dans la commune de Crach. Il se présentait sous différentes formes, montait souvent sur les épaules des passants, et se faisait souvent porter jusqu'au débit de Pont-er-lenn.

LXXVIII

Gad-Manni-Seuil.

Entre les villages de Kerhino et de Kerivilenne, commune de la Trinité, au lieu dit Manni-Seuil, se tenait un lièvre blanc dit Gad-Manni-Seuil. Il se tenait toujours dans le champ, au bord du sentier ; sa vue était un mauvais présage, et l'on ne devait pas continuer sa route si l'on allait en voyage, de crainte de malheur.

LXXIX

Gavr-Paskourek.

Paskourek est situé entre Kermarquer et Keris-
pert, commune de la Trinité. Dans ce lieu se tenait
un Spontail dit Garv-Paskourek, que l'on voyait la
nuit sous forme de chèvre blanche montée sur les
murs au bord du chemin ; elle suivait ou précédait
les passants attardés, mais ne leur faisait aucun mal.

LXXX

Gad-guen-poul-Sant-Clement. — Lièvre blanc du douai de Saint-Colomban.

Poul-Sant-Clement, douai de Saint-Colomban, est
situé près de la fontaine et à l'est du village de ce
nom. Là se tenait Spontail-poul-San-Clement, qui
se manifestait surtout sous forme de lièvre blanc.
Il a été vu à plusieurs reprises par le père Nicolas,
de ce village ; il avait beau le pourchasser, il ne
s'effrayait pas, et il lui passait même entre les
jambes. Un soir, un cultivateur du village de Ker-
berdery, rentrant de chasser du côté de la pointe,

passait assez tard près de ce douai. Il entendit un
bruit extraordinaire, comme si un cheval était
tombé dans la mare ; mais il eut beau regarder, il
ne vit absolument rien.

D'autres personnes ont vu et entendu quelqu'un
qui lavait son linge, la nuit, près du douai.

LXXXI

Spontaill iuarh-er-hoed.

Iuarh-er-hoed est situé entre Kermario et le
village de Kerlhuir, exactement près et à l'ouest
du taillis de Kermeaux. Là se tenait autrefois un
spontail qui se manifestait sous forme de linceul
blanc.

LXXXII

Spontaill iuarh-son-Pelegeu.

Iuarh-son-Pelegeu, chemin creux du son des
bassins, se trouve à l'extrémité est de la vieille
route de Quiberon à Auray, près et à l'est de la
ferme de Kerbospern. Là, la route rend un son
assez semblable au son des bassins en fer. A ce

endroit, il y a de l'argent caché qui est gardé par un revenant que beaucoup de personnes ont vu sous forme de lièvre, de chien et de chat. Les chevaux eux-mêmes en avaient peur et ne passaient jamais là sans dresser les oreilles, et très souvent les conducteurs étaient obligés de descendre et de les prendre par la bride pour passer ce passage.

LXXXIII

Paotr-iuarh-er-men-guen.

Iuarh-er-men-guen, chemin creux de la pierre blanche, est situé entre le moulin de Coët-er-hour et la route de la Trinité à Auray. Dans une haie, près de ce chemin creux, il y a un trésor caché entre deux pierres, et recouvert par un buisson d'aubépine; ce trésor est gardé par un spontail dit Paotr-iuarh-er-men-guen. Il se présente la nuit sous forme de taureau, cheval, mouton et de chien. Plusieurs personnes ont été jetées dans les champs voisins en passant là la nuit, entre autres le père Rio, ancien marin, qui eut bien souvent envie de chercher le trésor, mais il craignait la présence du spontaill.

LXXXIV

Spontaill-pont-Kergoret.

Pont-Kergoret, pont de Kergoret, est situé sous la route de la Trinité à Auray, au sud du village de Kergoret. Là se tenait spontaill-pont-Kergoret, qui escortait parfois assez loin les passants attardés. Deux jeunes frères de 15 à 20 ans passaient sur ce pont un soir ; ils furent séparés l'un de l'autre par une ombre ; le plus jeune se mit à pleurer, quoique ne voyant absolument rien, son frère lui dit : — Tais-toi ! Aussitôt il sentit quelqu'un lui monter sur les épaules, et il dut le transporter assez loin, quoiqu'il pesât plus d'une culasse, 100 kilogs.

LXXXV

Paotr-iuarh-Narbon.

Iuarh-Narbon, chemin creux du Narbon, est situé entre les villages du Penher et de Kervilor, commune de la Trinité. Là se tenait Pautr-Iuarh-Narbon, qui se présentait sous différentes formes. La femme Largouët le vit un soir comme une énorme caisse marchant seule en barrant le chemin. D'autres personnes l'ont vu sous forme de lièvre et de mouton.

LXXXVI

Paotr-iuarh lahet. — Garçon du chemin creux tué.

Iuarh-lahet, chemin creux tué, est situé entre le village de Kermalvezin et la route du Hanhon. Il est fréquenté par un spontail dit Paotr-iuarh-lahet et se présente sous différents aspects.

LXXXVII

Spontaill-er-hoedeù. — Le revenant des bois.

Er-hoedeù, les bois du Pusso, commune de Carnac, s'étendent à l'ouest vers les villages de Kérédo et de Kerjean, commune d'Erdeven. Ils sont fréquentés par un revenant dit Spontail-er-hoedeù qui se présente sous différentes formes.

Tout dernièrement, un cultivateur de Kerdrain passait dans ces bois vers 11 heures du soir ; il entendit un bruit extraordinaire ; croyant qu'il y avait là quelque troupeau égaré, il se mit à sa recherche. Il rencontra un énorme chien qui était couché au milieu d'un sentier. Il continua sa route, mais presque aussitôt le chien le précéda jusqu'au chemin creux à l'entrée de son village.

Ces temps derniers, des jeunes gens des environs chassaient aux collets la nuit dans ces mêmes bois, deux d'entre eux étaient cachés derrière une haie, lorsqu'ils virent passer près d'eux quelque chose de blanc qui ressemblait bien à un cochon, mais beaucoup plus grand, et qui faisait un bruit infernal. Dès qu'il disparut, ils se sauvèrent et rentrèrent chez eux.

Pendant la Révolution les chouans avaient assassiné beaucoup de gens dans ces bois. Un jour, ils avaient pris une jeune femme du village de Locmaria en la commune de Plœmel et l'avaient conduite dans ces bois, au sud du village de Kerhiennic, où ils l'inhumèrent après l'avoir tuée. Cette femme était enceinte, et longtemps après sa mort, l'on voyait 3 lumières à l'endroit où elle avait été enterrée. Son crime était d'avoir loué une ferme provenant des biens nationaux et de refuser à son confesseur de la restituer.

LXXXVIII

Spontaill-Coët. — Houaro ou Piniec.

Le bois de Piniec se trouvait au bord de la route de Carnac à Auray, au lieu dit Ty-lann. Ce bois était fréquenté par un spontail qui se présentait sous forme d'homme, de lumière et de feu. Beaucoup de gens ont vu ce bois englobé dans un feu violent, ou ont vu un homme frapper son briquet à l'intérieur du bois.

LXXXIX

Spontaill-er-Groez.

A 400 mètres environ et au sud du village du Hanhon, dans un mur au bord de la route même, se trouve une très vieille et intéressante croix de granit. A côté de cette croix se voyait un revenant dit Spontaill-er-Groez.

XC

Spontaill Melen-Kergou.

Melen-Kergou, moulin de Kergo, est situé au nord de la route nationale de Quiberon à Auray, près de la route de Carnac à Plœmel. Ce moulin est en ruine aujourd'hui, mais à côté se tient un Spontail : les habitants du village de Kerveno l'ont rencontré souvent sous forme de mouton, et à plusieurs reprises ils ont vu le feu rouge autour du moulin ; quelques-uns d'entre eux ont été jetés dans les champs voisins en passant là de nuit.

XCI

Spontaill-Men-er-Soudard.

Sur la route de Carnac à Beaumer, près de l'entrée actuelle du jardin de M. Henry-Rio, il y avait il y a quelques années encore une pierre couchée que l'on appelait Men-er-Soudard, la pierre du soldat. La tradition rapportait que : les chouans avaient assassiné un jeune soldat de la République et l'avaient enterré sous cette pierre.

Plusieurs personnes affirment avoir vu la nuit
le soldat appuyé ou assis sur cette pierre. Un
soir un menuisier du pays rentrait chez lui et dit
en passant près de la pierre : Il paraît que l'on
voit ici un soldat ; je voudrais bien le voir. Aussitôt un coup de vent vint et lui enleva son chapeau ; en se baissant pour le prendre il crut voir
le soldat, ses cheveux se dressèrent sur sa tête
et il rentra précipitamment, tête nue, et sans
regarder derrière lui. Le lendemain il conta son
aventure dans le bourg, et des gens allèrent
soulever la pierre en question, voir si réellement
il y avait traces d'ossements dans son voisinage.
J'assistais à cette fouille, la pierre était attachée
au sol, on la brisa et rien ne fut trouvé à côté.

XCII

*Kei-hent-Plarnel. — Chien de la route de
Plouharnel.*

Certaines parties de la grande route de Carnac
à Plouharnel étaient fréquentées par un énorme
chien noir dit Kei-hent-Plarnel. Un soir un
menuisier de Carnac rentrait assez tard de Plou-

harnel ; arrivé au croisement des routes de Kergonan à Kerkrok, il rencontra le chien en question planté sur ses quatre pattes au bord de la route. N'ayant pas trop de confiance, il prit des pierres et fit le simulacre de les lui lancer, mais le chien ne bougea pas : il dut passer tout près de lui, sans qu'il fit un seul mouvement.

D'autres personnes affirment également avoir vu ce chien noir.

XCIII

Er-Pilour-lann. — Le broyeur de lande.

Er-pilour-lann vient la nuit, surtout quelques jours avant les tempêtes, frapper avec son maillet de bois aux pignons des habitations ; il fréquente surtout les vieilles masures, on l'entend très distinctement : Poum, poum, poum.

De l'intérieur des maisons le bruit semble provenir du haut de la cheminée ; si l'on sort, le bruit semble provenir de plus loin.

Il y a généralement un Pilour-lann dans chaque quartier, et nombreuses sont les personnes qui affirment l'avoir entendu.

XCIV

Er-Bornour. — Le Borneur.

Dans toute la région se trouvent des terres cultivées, appelées Tennad. Ces terres contiennent plusieurs parcelles appartenant à des propriétaires différents et qui ne sont séparées que par des bornes, simples pierres placées debout, avec une autre cassée en deux, formant les témoins.

Dans ces Tenna l'on entend parfois, la nuit, des hommes soupirer et crier : Emen i lakein mi er bonn me? Emen i lakein mi er bonn me? Où mettrai-je cette borne-ci ? Où mettrai-je cette borne-ci ?

Les personnes qui entendent ces cris savent fort bien que ce sont des âmes de chrétiens en peine, pour avoir, lorsqu'ils étaient de ce monde, déplacé des bornes pour agrandir leurs terres au détriment de celles de leurs voisins.

Un soir un habitant de Kerbachiche, nommé Rio, passait dans le Tennad er hachenneu, entre les villages de Kergavat et de Kerkrok, dans la commune de Plouharnel. Il entendit le Bornour crier : — Emen i lakein mi er bonn me? Emen i lakein mi er bonn me ? Où mettrai-je cette borne-ci ? Où mettrai-je cette borne-ci ?

— Lah kan i lieh ma estan kave eurkeh den (mets là où tu l'as trouvée, pauvre homme) lui dit-il. Aussitôt le Bornour respira comme un homme qui se trouve tout à coup déchargé d'une grande peine, et dit : — Dugerikat me den mat (merci mon bon homme) ; mais cela fut dit d'une voix et d'un accent que l'on n'oublie jamais quand on l'a entendue une fois.

Depuis ce jour on n'entend plus de Bornour dans cette région.

XCV

Er huitellour Nouz.

Un matin de 25 décembre, des jeunes gens de Kerlann rentraient de la messe de minuit. En passant près de la vieille croix du village, l'un d'entre eux se mit à siffloter. Aussitôt, un coup de sifflet sec et strident se fit entendre tout auprès d'eux, quoiqu'ils ne vissent personne. Quelques pas plus loin, le jeune homme recommença de nouveau ; un nouveau coup de sifflet, mais bien plus fort, se fit entendre à leurs oreilles. Ses camarades lui défendirent de recommencer, mais en rentrant chez lui il se mit de nouveau à siffler. Au même instant le sifflet, du huitellour Nouz se fit entendre près de lui. Heureusement qu'il put fermer sa porte, mais son chien qui n'avait pas eu le temps de franchir le seuil fut projeté dans les airs et ne fut jamais retrouvé.

XCVI

Paotr-Kerhultan

Kerhultan est une maison isolée, située entre le Place-Ker et le village du Henlis, de la commune de Plouharnel, non loin de la route actuelle de Quiberon à Auray. Là se tenait un Spontail dit Paotr-Kerhultan.

Un soir, un cultivateur du village de Kerogèle, commune de Carnac, rentrait avec sa voiture de Plouharnel. Arrivé en face de Kerhultan, son cheval, quoique aveugle, s'arrêta net au milieu de la route ; il allait descendre pour faire avancer sa bête, lorsqu'il aperçut un taureau sous l'avant de sa voiture ; il lui donna un coup de fouet pour lui faire changer de position, mais aussitôt il disparut, et il entendit un bruit absolument semblable à une caisse de bouteilles vides qui serait tombée en se brisant sur la route. Son cheval partit alors au grand galop.

Un autre cultivateur vit un soir à cette même place un homme couché à travers le toula (barrière faite avec de simples pierres posées les unes sur les autres), ce qu'un homme ordinaire ne pourrait jamais faire.

XCVII

Les lumières.

Les apparitions de lumière, chandelle, sont très fréquentes dans nos campagnes. Au bord de la route du bourg de Carnac à la plage, à vingt mètres à peine du bourg, se trouve la fontaine dite Fetan-er-Huerhiez, la fontaine de la Vierge, d'où l'on voit souvent, la nuit, sortir une flamme semblable à celle des bougies, elle part du sol et se dirige vers le ruisseau du Hoah, en s'élevant par sauts jusqu'à la hauteur des arbres bordant ce ruisseau, et disparaît.

Une lumière semblable se voyait sur la hauteur du Roch, située près et au nord du village de Kerlois, ainsi qu'an lieu dit Bossenno, au sud du village de Kerlhuir.

Dernièrement, un cultivateur du village de Coët-Gougam rentrait chez lui assez tard, la nuit ; il rencontra dans les bois près de Kervlaye, une de ces lumières qui le précéda jusqu'à son village.

Cette année même (janvier 1909), les habitants du village de Sainte-Barbe, commune de Plouharnel, ont été intrigués par une lumière qui, tous les soirs, descendait du moulin de Sainte-Barbe jusqu'à l'entrée d'un puits nouvellement creusé dans ce village.

Les habitants des maisons isolées de Ti-lann à Carnac, voient souvent une lumière descendre de la partie nord-est de Manni-Runel.

XCVIII

Le Feu

Régulièrement tous les 5 à 6 ans, quelques personnes aperçoivent le feu au-dessus de quelque quartier du bourg de Carnac. Aussitôt une quête est faite pour faire dire une messe à la chapelle de Sainte-Barbe, commune de Plouharnel, et la Providence est apaisée.

XCIX

Begul-Nouz. — Le Berger de nuit.

Le Begul-Nouz est le loup-garou de nos campagnes, c'est lui qui circule, la nuit, dans les bois, dans les chemins creux et dans les croisements des chemins. Malheur aux enfants qu'il trouverait sur son passage. Ils ne reverraient plus leurs parents.

Quand le vent souffle, c'est le Begul-Nouz qui crie. Quand la pluie frappe contre les vitres, c'est le Begul-Nouz qui demande à entrer.

Les portes et les fenêtres doivent toujours être fermées au coucher du soleil, pour ne pas laisser entrer le Begul-Nouz.

Faux spontaills ou plutôt spontaills expliqués.

I

Un jour, un forgeron du voisinage faisait la noce en compagnie d'un couvreur du village du Henlis, au bourg de Plouharnel. Le soir, le couvreur ne voulut point passer pour rentrer par la grande route, pour ne pas rencontrer Paotr-Kerhultan ; le forgeron le suivit jusqu'à la maison de Kerhultan, mais vint alors rejoindre la grande route et, en passant dans le chemin creux, il se dit : L'on prétend qu'il y a un spontail ici, je voudrais bien le voir.

Aussitôt il vit un grand homme à ses côtés ; quand il marchait, l'homme marchait ; quand il s'arrêtait, l'autre s'arrêtait ; il eut peur. En arrivant sur la route, il fut projeté dans la mare voisine ; il en sortit à quatre pattes, en y laissant son chapeau et les manchettes de sa femme. Il arriva dans un débit voisin, où il coucha après avoir expliqué son aventure. Le lendemain, il retrouva ses objets perdus et eut l'explication de son spontail ; mais comme il l'avait conté à plusieurs personnes, il ne voulait point se contredire.

Il me l'a pourtant dit. Il était ému, et il faisait beau clair de lune. Lorsque son compagnon le quitta, il pensa au spontail, et aussitôt il vit son ombre qui marchait à ses côtés et s'arrêtant quand il s'arrêtait ; lorsqu'il vint sur la grande route, il s'engagea dans la mare d'eau au lieu de continuer son chemin. L'affaire était très claire, mais il la garda pour lui.

II

Spontaill Coed Houaro ou Piniec.

Un soir, un jeune cultivateur de Cloucarnac plantait de jeunes plantes de landes dans une haie de son champ, situé près du bois en question.

Quoique la nuit fût venue, éclairée seulement par un commencement de lune, il voulut achever son travail. A un certain moment, il vit sortir du bois un homme de grande taille habillé de gris, recouvert d'un grand manteau. Cet homme se dirigeait à pas lents vers lui. Il le fixa à plusieurs reprises, mais il ne pouvait distinguer ses traits. C'était donc bien le spontail du bois dont il avait si souvent entendu parler ; ses cheveux se dressèrent sur sa tête ; mais

Comme il ne lui restait plus que quelques plantes à mettre, il voulut achever son travail ; mais au même moment le revenant se trouva devant lui dans le chemin creux et se mit à genoux à deux mètres à peine de lui. Il ne put tenir plus longtemps et se sauva vers la maison. Ayant couru pendant une centaine de mètres, il se détourna et il vit le revenant rentrer dans le bois. Il n'y avait plus de doute, c'était le spontail qui était venu à lui. Fou de peur, il rentra effrayé chez lui ; sa famille était déjà à la veillée, avec les voisins, dans l'écurie. Le voyant arriver dans cet état, tous lui demandèrent ce qu'il avait ; avec peine il leur conta ce qu'il avait vu, et tous étaient unanimes à reconnaître le spontail de ce bois dans le personnage en question.

Le lendemain, dimanche, tout le monde connaissait son aventure. Dans le courant de la semaine, le curé vint le voir et lui demanda de préciser certains faits, la couleur des vêtements entre autres ; les vicaires, les bonnes sœurs elles-mêmes vinrent lui demander confirmation du fait, ce qu'il fit assez volontiers.

Deux ans plus tard, il se trouvait dans un débit de boissons au bourg, un dimanche matin après la messe. Un journalier du Ménec lui frappa sur l'épaule et lui dit : — Il y a longtemps que tu n'as vu le spontail du bois ? — Oui, répondit-il, il y a plus de deux ans. — Eh bien ! reprit-il, si tu veux me payer un verre d'eau-de-vie, je t'apprendrai quelque chose à ce sujet. — Volontiers, lui dit le cultivateur. Et le journalier lui conta que, voulant prendre un sapin sec dans la partie du bois qui avoisinait son champ, craignant d'être entendu de lui, et comme il ne s'en allait pas, il résolut de l'effrayer en se recouvrant d'un vieux drap et de marcher vers lui. Son stratagème réussit, et il put à son aise couper et transporter chez lui le bois sec.

III

Après le décès d'une femme du village de Cloucarnac, plusieurs personnes prétendaient l'avoir revue. Un soir, un cultivateur du village revenait de la plage, voir s'il y avait du goëmon avec la marée. En rentrant au village, il aperçut quelque chose sur la haie voisine, qui lui semblait bien être une femme avec sa coiffe blanche ; il eut peur et passa en courant le long de la haie. Mais arrivé au haut du village, il se ressaisit et revint sur ses pas ; il entra cette fois dans le champ, où il aperçut du linge qui avait été oublié au sec sur la haie de lande ; sur une branche plus élevée que les autres il y avait une coiffe qui se balançait au vent, et cette coiffe, vue du chemin creux, ressemblait étrangement à une femme.

IV

Un jeune homme du Pusso avait l'habitude d'aller veiller tous les soirs au village du Hanhon. Un soir, ses camarades voulurent mettre son courage à l'épreuve. Deux d'entre eux se rendirent près de la croix dite du Hanhon (voir Spontaill-er-Groez, LXXXIX). L'un portait l'avaloir de son cheval, l'autre quitta sa veste et sortit sa chemise de sa culotte. Ils se mirent de chaque côté de la croix, et lorsque leur camarade passa, ils l'encadrèrent ; celui qui portait l'avaloir prit le devant, l'autre marcha en arrière. Les chaînettes de l'avaloir faisaient dine-dine-dine, dine-dine-dine ; entendant ce bruit, il dressa les oreilles ; la nuit étant noire, il ne pouvait rien voir. Quand il s'arrêtait, ses camarades s'arrêtaient. Quand il se mettait en marche, les autres marchaient, et il entendait toujours dine-

dine-dine, dine-dine-dine ; il se détourna pour retourner dans le village ; mais il aperçut alors l'autre habillé de blanc. Effrayé, hors de lui, il sauta dans le champ en passant la route de Kerdrain, et gagna son hameau à travers champs. Il resta très longtemps sans sortir la nuit, croyant toujours avoir eu affaire à Spontaill-er-Groez.

Un jour, ses camarades le mirent au courant de la farce, mais jamais il n'a oublié la frayeur qu'il eut pendant quelques minutes qui lui avaient semblé des heures.

V

Un cultivateur du village de Kerevin, commune de Plœmel, rentrait un soir, vers minuit, de faire une veillée chez son boulanger du bourg, où ils avaient parlé des revenants. Il passa sur Pont-Plantèque (voir Spontaill-pon-Plantèque, XXXVIII), et songea naturellement à Paotr-pont-Plantèque. Lorsqu'il dépassa ce pont et qu'il fut dans les champs labourés, près du village, il vit quelqu'un habillé de blanc courir vers lui ; il se redressa et crut véritablement avoir affaire à un revenant, d'autant plus que sa taille lui paraissait énorme.

Celui-ci vint jusqu'à lui, en lui posant la main sur l'épaule ; il eut peur et se débattit de son mieux en criant. Aussitôt cette personne retourna en courant vers le village. Intrigué, quoique effrayé, le cultivateur courut après, et lorsqu'il fut dans le village, il trouva son revenant qui se disputait avec son mari, et il eut l'explication de cette rencontre.

Un ouvrier maçon du village était rentré chez lui en état d'ivresse ; sa femme le gronda et pour avoir la paix il dit : — Puisque c'est ainsi, je vais me pendre, et sortit de la maison ; ne le voyant pas revenir, sa femme se leva en chemise pour voir où il était allé. Voyant un homme marcher dans le champ voisin, elle courut vers lui, croyant que c'était son mari ; mais lorsqu'elle reconnut son voisin, elle eut honte, d'autant plus qu'elle était en chemise, nu-pieds et n'ayant qu'un petit bonnet blanc sur la tête. Elle rentra dans le village, où elle retrouva son mari.

Un autre soir, le même cultivateur allait, accompagné de sa femme, faire du cidre dans un village voisin ; arrivés à Pont-Plantèque, sa femme l'arrêta net en lui défendant d'aller plus loin. A son étonnement, sa femme lui indiqua quelque chose de gris qui se cachait dans la douve voisine. Il s'en approcha et reconnut la vache de l'un de ses voisins, qui broutait le long de la route.

VI

Il y a deux ans à peine, un propriétaire d'une villa bordant la route de Carnac à la plage avait un superbe chat qui aimait à se tenir sur les murs, dans le voisinage de sa demeure. Un jour, un ouvrier maçon habitant un village voisin rentrait chez lui à la brume de nuit, après avoir légèrement bu. Il vit le chat sur le mur et s'arrêta. Après l'avoir bien examiné, il lui dit : — *Mi zou mi in dène, dès markarèse me chet a eun ana.* (Je suis un homme, moi, viens si tu veux, je n'ai pas peur de toi). Pendant plus d'un quart d'heure il resta là à l'invectiver de la sorte, mais devant l'indifférence du chat, il continua sa route. Mais depuis il ne passe jamais dans ce chemin quand il est seul, et préfère faire un long détour pour aller et revenir, soir et matin, à son travail.

VII

Un sous-officier des douanes était un soir d'essorte avec le sous-lieutenant. Ils traversèrent en bateau un bras de mer pour aller inspecter un poste de douaniers. En revenant, vers deux heures du matin, le sous-lieutenent attira son attention sur une lumière placée en terre ferme, exactement devant eux. Aussitôt débarqués du canot, ils se dirigèrent vers cette lumière ; en se rapprochant, ils aperçurent tout-à-coup deux colosses enveloppés dans des draps blancs, semblables aux statues antiques. Voulant se rendre compte de ce que cela pouvait être, le sous-officier s'en approcha davantage. La lumière était une simple bougie placée sur un mur, il s'avança vers les deux statues en les menaçant d'une pierre. Aussitôt les deux individus, immobiles jusque là, le prévinrent qu'il n'avait rien à craindre. Propriétaires de la villa voisine, ils prenaient le frais en attendant le lever du soleil.

VIII

Un jeune homme, aujourd'hui douanier, rentrait un soir assez tard d'une veillée ; il avait à passer au-dessus d'un cours d'eau par une planche formant pont. Au moment de franchir ce pont, il aperçut un mouton qui se tenait à l'autre extrémité. Croyant avoir affaire à la Jeannette, revenant de cette contrée, il eut peur ; mais après un moment d'hésitation, et pour ne pas accomplir plus d'un kilomètre pour rentrer chez lui, il s'élança sur la planche. Grand Dieu ! La Jeannette lança un cri ; ses cheveux se dressèrent sur sa tête ; il s'arrêta de nouveau, puis d'un bond il sauta à terre et se trouva en face d'un jeune agneau égaré. Il le prit entre les bras et le porta chez lui. Ses parents étant encore en veillée, il rentra précipitamment dans l'écurie en criant qu'il avait rencontré la Jeannette et qu'il l'apportait. Lançant alors l'agneau au milieu du groupe, la lumière s'éteignit et tout le monde se sauva en criant de frayeur. Lui seul riait de bon cœur, mais il avait lui aussi passé, quelques minutes auparavant, par les mêmes transes inexprimables.

IX

Des jeunes gens disposèrent, un soir, un drap blanc et quatre bougies allumées sur un pont du voisinage pour effrayer d'autres jeunes gens d'un village voisin qui venaient faire la veillée dans leur quartier.

orsque ces derniers virent ces lumières et ce
o, ils se sauvèrent au plus vite, et sans mot dire
endant longtemps on ne parlait plus au pays
du linceul et des quatre cierges allumés sur ce
t.

X

n soir, un cultivateur passait sur Pont-Augile
r Spontaill-pont-Augile, LIV) ; il entendit des
plaintifs, presque des soupirs, qui semblaient
ir du ruisseau. Il eut peur, croyant avoir affaire
pontail-pon-Augile. Mais craignant que ce fût
lque ivrogne, il se retourna pour examiner l'en-
t d'où sortaient ces bruits. Il y trouva une
de de hérissons qui couraient joyeusement en
nt près de la haie, le long du ruisseau.
'autres sont expliqués par les bruits des poules
u et autres gibiers s'envolant aux bruits des
sants, et surtout par les chiens et les chats
ant ou entendant leurs maîtres sur les routes.

XI

eux cultivateurs du village de Cloucarnac ren-
ent un soir dans leur ferme, lorsqu'ils rencon-

trèrent un chat au lieu dit Prat-Charles, au bord de la route de la Trinité. Ils voulurent s'assurer si c'était bien un chat, celui-ci se sauva dans le champ Guennec, ils le suivirent, croyant le voir au bord de la haie ; l'un d'entre eux lui lança un coup de pied ; aussitôt l'animal tomba en morceaux qui semblaient être en feu. Effrayés, ils rentrèrent chez eux. Intrigués, le lendemain ils vinrent se rendre compte sur les lieux et constatèrent que l'objet qu'ils avaient pris pour un chat, près la haie, n'était qu'une vulgaire citrouille, qui avait été écrasée par le coup de pied.

CHAPITRE IV

Intersignes

Les intersignes sont les plus nombreuses et les plus vivaces des croyances populaires de nos campagnes. Toutes les familles en possèdent qui leur sont particulières, et si la foi en les spontails commence à disparaître, les croyances dans les intersignes restent intactes. Dès qu'il y a une mort violente ou douloureuse, plusieurs personnes viennent affirmer qu'elles en étaient prévenues par tel ou tel fait. Les uns ont entendu Er ankeù, Er Grekir, les clochettes, les chiens ou les poules, des cris, des pleurs, des bruits de cercueils, la voiture ou le pas des hommes apportant la mort. Quelques-uns même affirment avoir vu les enterrements. Si, dans la nuit, l'on entend ou si l'on voit quelque chose qui ne semble pas naturel, l'on doit faire le signe de la croix et dire un *De profundis*. Si l'on est courageux, l'on doit demander : Au nom du bon Dieu,

dites-moi, bonne âme, ce qu'il vous faut pour v
délivrer de vos peines. L'âme vous répon
presque toujours : Faites dire une ou plusie
messes à mon intention. Parfois elle réclamera
vêtement quelconque.

I

En Ankeù.

En Ankeù est le spectre avant-coureur de la m
si ce n'est la mort même. On le voit sous form
squelette recouvert d'un drap blanc ; il entre s
vent dans les maisons et toujours il emporte qu
qu'un ; parfois il transporte son monde dans u
charrette, Garrikel er Ankeù, attelée de deux bœ
ou d'un mauvais cheval ; on entend alors de t
loin les bruits faits par cette charrette, que l'
reconnaît facilement parce que le moyeu n'
jamais graissé.

Er Ankeù apparaît parfois dans le ciel s
forme de gros nuage ; on le reconnaît par ses c
aigus et par les bruits sinistres d'ossements s'ent
choquant. Lorsqu'un frisson vous secoue, c'
Er-Ankeù qui passe près de vous.

II

Er Grekir. — L'orfraie.

Er Grekir est l'oiseau de mauvais augure, l'orfraie ; il joue un grand rôle dans les prévisions de la mort ; ses cris aigus et perçants sont craints ; s'il passe dans la rue ou dans un village, il emportera son mort. Cet oiseau est recouvert d'un plumage noir et blanc, comme le drap mortuaire, et porte une croix sur le dos.

III

Er hlehir-behan. — Les petites cloches.

Er hlehir-behan, les petites cloches, sont les clochettes que l'on fait sonner devant les enterrements venant hors du bourg. Leur sonnerie indique toujours le passage d'un enterrement. Les sonneries des grandes cloches de la tour sont également des présages de bonheur ou de malheur. Si la sonnerie est lente, sombre, lugubre, elle est triste et annonce un nouveau malheur ; au contraire, si la sonnerie est vive, elle est gaie, et c'est un bon signe.

IV

Le chien et la poule.

Les hurlements d'un chien sont des présages de mort ; le chien tourne toujours son nez vers la maison d'où sortira le premier mort. Il en est de même de la poule qui imite le chant du coq.

V

En-Ankeù.

La bonne femme Janton, de Kerlescan, sarclait, un jour de l'année 1870, dans un champ près de la fontaine du village de Kerlescan. Elle entendit un bruit extraordinaire, comme un grand vent de tempête ; elle regarda et elle vit venir vers le village un nuage de feu dans lequel elle reconnaissait bien deux yeux, un nez et une bouche. Quelques jours après, 7 personnes mouraient de la variole dans le village.

VI

La femme G., de Kerlagat, préparait, un matin de très belle heure, sa bouillie d'avoine (*youd kerh*), lorsqu'elle entendit un cri épouvantable poussé à sa porte, puis un deuxième et un troisième, mais le dernier beaucoup plus fort. Tout avait tremblé dans la maison ; elle abandonna sa bouillie et rentra de nouveau dans son lit, et elle ne se leva pas avant le jour. Les jours suivants (1870), quatre personnes moururent de la variole dans le village voisin de Kerhouan.

VII

La veuve Kerdavid vit un jour un énorme nuage passer au-dessus de sa tête en faisant un bruit infernal. Quelques jours après, neuf personnes mouraient au bourg de Plouharnel, où elle habitait.

VIII

La veuve Kerdavid a vu et entendu souvent Garrikel-er-Ankeù, notamment de Crucuny, où elle a habité de longues années. Presque tous les décès qui devaient passer sur le vieux pont de Coët-à-tous lui étaient annoncés ainsi.

IX

La femme G. a souvent entendu le Grekir passer dans le village de Kerlois, et chaque fois qu'elle l'a entendu, il y a eu un décès.

X

L'ouvrier R., du bourg, a entendu le Grekir crier à sa porte; quelques jours après son enfant mourait.

XI

La femme R., de Kerlois, gardait un soir son oncle malade. Elle entendit les petites clochettes sonner à sa porte; elle sortit, elle ne vit rien ; elle rentra, et de nouveau elle entendit les clochettes, er-lihir. Trois jours après son oncle mourait.

XII

L. M., de Kervégan, a entendu très souvent les petites clochettes sonner, venant du côté du Pô au bourg, et à chaque fois, à quelques jours d'intervalle, passait un mort.

XIII

La femme D., de Kervégan, a vu et entendu un chien qui hurlait, le nez tourné vers la maison de sa voisine ; quelques jours après mourait un de ses enfants.

XIV

La veuve C., du bourg, avait une poule qui, quelques jours avant la mort de quelqu'un du quartier, imitait le chant du coq, et toujours en se tournant vers la maison d'où sortirait le mort.

XV

Un jeune homme, gardien d'une villa bourgeoise de la plage, rentrait un soir du bourg et se coucha d'assez belle heure. Dès qu'il eut éteint sa lumière, son chien aboya, et il regarda vers la croisée. Il aperçut alors une demoiselle vêtue de blanc qui tenait un cierge à la main et qui boitait. Il la reconnut fort bien pour être sa couisne, habitant une ville éloignée. Effrayé, il alluma sa veilleuse et ne vit plus rien. Son chien aboyait toujours, comme si quelqu'un rôdait autour de sa maison. De nouveau, il éteignit sa lumière, et de suite il revit l'image de sa cousine. Tout tremblant, il ralluma sa lumière, et se leva pour aller chercher un de ses camarades qui habitait le village de Légénèse. Revenus ensemble, ils se couchèrent dans le même lit, et lorsque la lumière fut éteinte, la demoiselle en blanc leur apparut de nouveau. Quelques temps après sa grand-mère mourait, et sa cousine vint à l'enterrement.

XVI

Un ancien marin du village de Kervégan se rendait un jour, de bon matin, à son travail. A peine sorti de chez lui, il aperçut une femme qui ne lui semblait pas inconnue. Il pressa le pas pour la rejoindre, mais, arrivée près d'une remise. elle y entra. Croyant que cette femme voulait lui faire peur, il entra après elle dans la remise, mais il n'y avait plus personne. En arrivant à son travail, il fit part de son aventure à ses camarades, qui lui firent remarquer qu'une femme du village, morte quelque temps auparavant, était vue souvent rôdant dans le village. Aussitôt il reconnut cette personne dans celle qu'il venait de filer.

XVII

Un perruquier du pays vit un soir dans sa demeure un maître au cabotage qu'il connaissait très bien. Il alla pour lui adresser la parole, et il disparut. Un mois après, on apprit que ce capitaine avait

é perdu en mer avec tout son équipage, dans une
mpête qui eut lieu le soir même de son apparition.
Le soir suivant, une de ses filles vit également le
me capitaine à la même place.

XVIII

Le même perruquier entendit un soir frapper à
porte et l'appeler. Il se leva et constata qu'il n'y
ait personne à sa porte. Trois jours après, à la
me heure, il entendit frapper et crier exactement
la même façon. Il se leva et ouvrit sa porte à un
i qui venait le chercher pour faire la barbe à un
sin qui venait de mourir subitement.

XIX

Au mois de septembre 1789, ma mère se réveilla
soir en disant à mon père d'aller voir ce qui
ait de tomber et de glisser dans le grenier. Mon
e ne voulut pas monter d'abord, mais se décida
les pressantes instances de ma mère. Il examina
grenier et n'y trouva rien d'anormal.
Trois semaines après, nous étions avisés que le
eau sur lequel naviguait un de mes frères s'était

perdu dans la Baltique, et que mon frère s'était noyé le soir même où ma mère avait cru entendre quelque chose glisser dans le grenier.

XX

En 1905, quelque temps avant la mort d'une jeune dame du pays, la cuisinière de la maison avait entendu, pendant trois nuits consécutives, et à la même heure, le bruit d'un corps lourd que d'autres personnes traînaient dans le couloir du premier étage. La dame mourut, et les femmes qui faisaient sa dernière toilette, ne pouvant pas la porter dans la chambre voisine, la traînèrent sur un drap le long du couloir du premier, et firent exactement le même bruit qu'avait entendu la cuisinière les nuits précédentes.

XXI

Autrefois, lorsque le cimetière entourait l'église, une couturière, rentrant chez elle un soir, passa par le cimetière et vit un drap blanc sur une tombe. Croyant que quelqu'un voulait lui jouer une farce, elle se dit : Celui qui a mis ce drap pour me faire peur ne le trouvera pas demain en entier, et, saisissant ses ciseaux, elle en coupa un bout.

En rentrant à la maison, elle regarda le bout d'étoffe et constata avec frayeur qu'il était couvert de sang. Dans la nuit elle ne put dormir, et un homme lui apparut en lui disant : — Si demain soir vous ne venez pas coudre mon drap à l'endroit où vous l'avez trouvé, sous peu vous viendrez me rejoindre au cimetière.

Tremblante de frayeur, elle vint accomplir ce que le mort lui avait ordonné, et lorsqu'elle eut terminé la couture, le drap disparut elle ne sut comment.

XXII

Le Mestre, garde de l'Ile Pont-Lanneu, commune de Mendon, faisait le transport des morts des îles voisines à la terre ferme. Un jour, il vit dans son bateau un cercueil ; il crut que quelqu'un le lui avait envoyé. Il alla demander des renseignements à sa femme, mais, lorsqu'il revint avec celle-ci, le cercueil avait disparu. Les jours suivants, il fut appelé à transporter un mort.

XXIII

La veuve Kerdavid, âgée aujourd'hui (janvi
1909) de 87 ans, gardait un jour, lorsqu'elle éta
enfant, ses vaches dans la falaise de Quiberon, no
loin de la guérite de Hoche. Elle vit une multitu
de gens qui récitaient des prières à genoux. El
n'eut peur qu'après, lorsque ses parents lui eure
dit que c'étaient les âmes des hommes qui avaie
été tués là, il y avait quelques années auparavan
pendant l'affaire de Quiberon (juillet 1795).

Elle a aussi vu des morts longtemps après le
décès, surtout ceux pour lesquels elle avait réci
les dernières prières.

Lorsqu'elle habitait Plouharnel, elle a entend
parler d'une femme morte qui venait, longtemp
après son décès, laver son linge dans un douai d
voisinage, parce qu'elle avait pris l'habitude, éta
vivante, de laver son linge le dimanche.

XXIV

Le jour du mariage du père Rohu, Le Mourou
de Kerlescan, venait à la noce, lorsqu'en passar

près du ruisseau du village, il vit venir vers lui un enterrement suivi d'un nombreux cortège ; mais il ne reconnut personne.

M. Le Mouroux a aussi entendu les clochettes d'enterrement. Un soir, il sortit pour mettre bas sa culotte dans le champ près de sa demeure. Il entendit les clochettes sonner près de lui ; il se leva pour voir s'il y avait quelqu'un ; ne voyant personne, il rentra chez lui précipitamment, sans même relever sa culotte.

XXV

La veuve Roussel, de Kerivilenne, âgée aujourd'hui (janvier 1909) de 82 ans, venait un jour d'Erdeven dans une voiture avec son mari. Arrivée en face de Rundossec, elle vit les flammes s'élever au-dessus de la maison Le Bail, aujourd'hui meunerie-boulangerie au bourg de Plouharnel. En un moment toute la maison fut en feu. Elle dit à son mari : — Presse donc ton cheval, pour que nous allions aider à éteindre ce feu. — Quel feu ? lui dit son mari. — Mais tu ne vois donc pas, devant nous, chez Le Bail, répondit-elle ; elle le toucha et il vit aussi l'incendie. Lorsqu'ils furent dans le bourg, il n'y avait pas la moindre trace d'incendie. Huit jours après, exactement à la même heure, le feu, le vrai cette fois, consuma cette même maison.

Déclarations.

I

Un matin, de très belle heure, j'étais au lit, bien réveillée ; j'aperçus, appuyé à la rampe de mon escalier, mon voisin F. D.; je le reconnus fort bien, mais, pour mieux m'en assurer, je me redressai sur mon séant ; à ce moment, l'homme disparut.

Il naviguait en ce moment sur les côtes d'Espagne ; quelques jours après, nous apprenions qu'il s'était noyé, le soir où je l'avais vu chez moi.

II

Un soir j'étais au lit ; j'entendis quelque chose tomber de l'armoire. En me levant, je me dirigeai directement vers l'armoire pour m'assurer de ce qui avait pu occasionner ce bruit. Il n'y avait absolument rien. Quelques jours plus tard, mon frère vint à mourir ; ma mère ouvrit l'armoire pour prendre un drap pour l'ensevelir ; dans sa précipitation, elle laissa tomber une boîte à bibelots qui s'y trouvait et qui fit absolument le bruit que j'avais entendu les nuits précédentes.

III

Une nuit, j'étais au lit, bien réveillée ; j'ai entendu un bruit très distinct, comme si l'on clouait quelque chose aux poutres de la maison. Je me dressai, et j'entendais fort bien le bruit des marteaux frappant sur quelque chose, à quelques mètres de moi.

Trois semaines après, mon père mourait, à l'heure où j'avais entendu les coups de marteau, et les voisins firent les mêmes bruits, à la même place, en clouant les bois pour soutenir les draps de la chapelle ardente.

IV

Bien après la mort de mon voisin P. de Kergueno, je l'ai vu en plein jour traverser l'étang, alors à sec, de Gouyandeur. Je le reconnus fort

bien, et il avait les deux mains dans les poches ?
son pantalon.

Mon mari a vu bien des fois, du côté de la cha
pelle de la Madeleine, une petite lumière comm?
une chandelle allumée, qui le suivait ou l'escorta?
de cette chapelle jusqu'à la barrière près de not?
demeure.

Un jour, quand nous habitions le village d?
Kerhouan, mon mari partait à son travail, de tr?
belle heure ; il rentra aussitôt en me disant ?
— Tiens, voilà encore une chandelle qui vient l?
au milieu du Tennad. Il ressortit pour la voir, ma?
elle avait disparu.

Il y avait en ce moment un enfant malade dan?
le village qui mourait exactement à cette heure-l?

VI

Quelque temps avant la mort de mon fils, m?
femme entendit un soir déballer quelque chose su?
la table. Lorsqu'il mourut, je chargeai un voisin d?
lui apporter une couronne qui, enveloppée dans un?
boîte, fut déballée sur la table en faisant exacte
ment les mêmes bruits que ma femme avait déj?
entendus.

VII

Un jour, mon père entendit quelque chose frapper sur les marches de l'escalier de la maison. Il sortit de sa chambre voir ce qu'il y avait, et il ne vit absolument rien.

Quelque temps après, il mourait. Pour le mettre dans la bière, l'on dut le descendre de sa chambre ; l'homme qui le portait par les épaules laissa la tête si basse qu'elle frappa les marches à chaque pas, faisant absolument les bruits qu'il avait entendus et qu'il nous avait décrit les jours précédents.

VIII

Lors de la dernière maladie de ma belle-mère, j'étais moi-même malade au lit. Nous étions dans la même chambre. Je vis plusieurs femmes endimanchées rentrer sur leurs semelles dans notre chambre, et je les entendis marmotter quelque chose que je ne comprenais pas. J'en parlai à ma belle-mère, qui me dit : — Ce sont les gens du sabbat qui sentent notre mort. Effectivement, ma belle-mère mourut, et je vis les mêmes personnes rentrer de la même façon, venant dire les dernières prières avec la morte.

IX

Lorsqu'on entend les vagues de la mer déferler avec un bruit sourd sur les plages avoisinant nos côtes, cela présage un naufrage ou un autre malheur.

Les Maisons hantées.

I

Au village de Saint-Colomban, il y avait une ferme hantée par un esprit qui, presque tous les soirs, détachait le bétail de l'écurie et le poussait dans les champs environnant le village. Tous les soirs, il frappait sur le derrière du dernier qui allait se coucher.

II

A Plouharnel, il y avait aussi une maison hantée par un esprit qui frappait sur le derrière du dernier qui rentrait dans le lit. Un soir, la domestique crut

bon de jouer un tour à l'esprit en plaçant sur son
postérieur l'instrument servant à peigner le chanvre et le lin, de telle façon que les dents d'acier
reçurent le choc ; mais mal lui en prit, parce que
les dents du peigne lui rentrèrent dans ses parties
charnues.

III

A Plouharnel, il y avait autrefois une maison
hantée par un esprit qui montait et descendait les
escaliers en traînant de grosses chaînes en fer.

IV

Au village du Nignol, commune de Carnac, la
maison aux hautes cheminées était hantée par un
esprit qui, tous les soirs, jouait aux billes.

V

Au village de Kermeaux, la maison du meunier était hantée par un esprit qui jouait tous
les soirs aux boules dans le grenier.

VI

Au village de Bourgerel, il y a actuellement encore une maison hantée par un esprit qui monte et descend les escaliers en faisant claquer les portes et sans que l'on puisse rien voir.

VII

A Toul. Chignian, le débit était hanté par un esprit qui, tous les soirs, tournait un rouet dans le grenier. Un soir, le débitant se cacha dans l'escalier, et lorsqu'il entendit le rouet tourner, il lança une pièce de bois dans la direction du lieu d'où provenait le bruit, et avec un bâton il frappa à tort et à travers dans toutes les directions, en proférant de gros jurons. Jamais, depuis, il n'a rien entendu.

CHAPITRE V

Traditions

I

Men-Gurun. — Pierre de Tonnerre.

Les celtæ ou haches en pierre polie, sont appelées Men-Gurun, c'est-à-dire pierres de tonnerre,
et sont considérées comme pierres tombant du ciel
avec la foudre ; elles sont recherchées pour préser-
ver les maisons de la foudre. Presque toutes les
anciennes maisons possèdent de ces haches placées
sous la pierre du foyer, parfois dans la cheminée ;
quelquefois elles sont placées dans le parquet en
terre glaise de la maison. J'en possède, au Musée
Miln, plusieurs découvertes ainsi.

A Saint-Philibert, une vieille femme s'en servait
pour faire revenir le beurre aux vaches qui l'avaient

perdu ; elle vendait 0 fr. 50 le litre d'eau bouillie avec la hache polie. A Erdeven, un cultivateur en a placé une dans son charnier pour empêcher son lard de tourner.

Un marchand de vaches de Plœmel se servait d'une hache polie pour frictionner les pis congelés des vaches.

II

Er men tuem. — La pierre chaude.

Lorsque les jeunes gens ne trouvent pas à se marier, on leur dit d'aller prendre la pierre chaude et de mettre le derrière dessus.

Lorsqu'ils se marient, l'on dit : ils ont vu la pierre chaude, ou : la pierre chaude est tombée dans leur demeure.

Un jour, une vieille fille, domestique dans un village, en avait entendu parler et demanda à son patron où elle pourrait trouver cette pierre. On lui indiqua le village de Kerlhuir. Elle vint s'asseoir dessus, mais elle trouva que la pierre chaude était plutôt fraîche, d'autant plus que la chair même doit la toucher.

Son maître lui persuada qu'elle devait recommencer à la première lune. Les jeunes gens du village furent prévenus, et ils firent un feu violent sur la pierre en question, qui était le bord du foyer même, et lorsque la demoiselle vint, elle se brûla le... derrière. Certaines personnes affirment que le dolmen ruiné, surmonté d'une croix, et situé entre le bourg de Carnac et les alignements du Ménec, dit dolmen de Croez-Moken, avait la même propriété, et que les jeunes filles allaient autrefois, à certain moment de la lune, s'asseoir dessus, à tel point que le clergé résolut de les y amener toutes ensemble, en un jour de l'année, au printemps.

Cette procession existe toujours, sans que l'on en sache exactement l'origine.

III

Er goal avil. — Le mauvais vent.

Les personnes qui se trouvent prises par les mauvais vents (sauts de vent et tourbillons), sont généralement affectées de graves maladies et sont vouées à la mort.

IV

Er fal sel. — Le mauvais regard.

Certaines personnes, notamment les kakous, descendants des lépreux, ont le pouvoir d'ensorceler les gens et de leur communiquer des maladies de langueur par leur simple regard. Ils peuvent de même guérir beaucoup de maladies.

D'autres personnes communiquent les maladies en versant un certain breuvage dans la boisson ou les aliments de leurs voisins.

Nombreux sont les gens qui affirment avoir été inoculés ainsi de graves maladies.

V

Kakous — Lépreux.

Les descendants des lépreux sont toujours désignés sous le nom de Kakous. Leur sang est noir et ils peuvent cuire une pomme sous leurs aisselles.

Beaucoup d'entre eux exercent encore le métier de cordier, et ils ont la propriété de guérir les dartres par un simple attouchement, en décomptant en breton (disconten : compter à rebours).

D'autres personnes les guérissent en les frictionnant avec les tranches d'un oignon coupé au clair de la lune, le jour du plein, en 4 tranches que l'on réunit de nouveau pour les déposer dans le fumier ; lorsque l'oignon est pourri, la dartre disparaît. D'autres personnes se servent de la branche de buis que l'on fait sécher dans la cheminée, après avoir touché la dartre qui disparaît lorsque le buis est sec.

VI

Autrefois, pour se faire exempter du service militaire, l'on devait prendre un os de mort dans un reliquaire du cimetière, à minuit sonnant, et aller prier sur la tombe du plus proche parent que l'on avait au cimetière.

Un jeune homme qui s'était rendu, un soir à minuit, dans le reliquaire, dans ce but, le trouva encombré de gens qui récitaient leur chapelet et ne put rentrer avant minuit. A cette heure toutes ces personnes s'en allèrent, mais il fut trop tard pour prendre son os, et il ne put se faire exempter du service.

VII

Er-laer Amenen. — Le voleur de beurre.

Certains cultivateurs sont volés de la crême de leurs vaches avant que le lait soit tiré, et cela, généralement, par quelqu'un de leur voisinage.

Pour pouvoir enlever ainsi le beurre, la personne doit, à la première heure du premier jour du mois de mai, placer, Bar-mé, une branche d'aubépine fleurie, dans la fontaine du village et se promener ensuite avec son ribot en récitant certaines formules magiques, et cela sans être vue, dans les prairies des personnes dont elle convoite le beurre. Certaines personnes intelligentes affirment que ces voleurs de beurre ont le pouvoir de dépouiller les herbes d'une prairie de leur suc nourricier et de le faire passer dans les herbes de leurs propres prairies, de sorte que les vaches qui paissent dans les prés frappés de maléfices ne donnent pas de crême, par conséquent pas de beurre, ou n'en fournissent que très peu, lorsque, au contraire, celles qui se nourrissent des herbages des autres prés en fournissent des quantités.

Cette croyance est tellement enracinée dans nos

campagnes, qu'il ne se passe pas une année sans qu'il y ait des histoires dans nos villages à ce propos et qui vont même jusque devant le juge de paix.

Certaines gens ont la faculté de faire revenir le beurre (voir Er-Men-Gurun), et de connaître les voleurs.

Il n'y a pas encore bien longtemps, un cultivateur des environs de Carnac-plage appela une espèce de sorcier de Quiberon pour lui faire rentrer son beurre. Voyant un des plus honnêtes paysans du pays passer à proximité de la maison, il le lui indiqua comme son voleur, et pendant longtemps il lui garda rancune.

Une femme de marin, qui, elle aussi perdait le beurre de sa vache, consulta une sorcière qui lui prescrivit de nourrir, dans son écurie, un crapaud, avec le premier lait qu'elle tirerait de sa vache. Elle éleva ainsi un superbe crapaud qui devint, au bout de quelques mois, énorme, mais son beurre ne revint pas, et elle dut vendre sa vache pour en acheter une autre.

Il y a quelques années à peine, un mendiant se fit nourrir et loger pendant cinq semaines chez un cultivateur du village de Légénèse sous prétexte qu'il faisait revenir le beurre aux vaches qui l'avaient perdu. Tous les matins, il buvait le premier lait de ces vaches. Mais enfin, le cultivateur se fatigua, et, ne voyant pas son beurre augmenter, congédia le malin mendiant.

Dans tous nos villages il y a des fermes qui perdent leur beurre et d'autres qui ont la réputation de les voler.

VIII

Trésors cachés.

Sous une pierre placée entre le moulin de Kermeaux, le Mont Saint-Michel et le village de Kerlann, se trouve cachée la couronne de l'empereur César et son trésor.

IX

Dans le village de Sainte-Barbe, en la commune de Plouharnel, au lieu dit Kervasaille, il y a un trésor caché dans un bassin de cuivre et qui vient luire au soleil tous les sept ans.

X

Un marin de Sainte-Barbe, le père Le Rouzic, fut pris un jour par les Anglais et amené sur les pontons en Angleterre. Là, il rencontra un officier anglais qui lui demanda de quel pays il était. Lorsqu'il lui dit qu'il était de la commune de Plouharnel, près de la baie de Quiberon, l'officier lui dit secrètement ceci : « J'ai été autrefois dans ce pays et j'ai aidé à cacher un trésor enveloppé d'une culotte rouge, sous une pierre plate, derrière une croix située entre le village de Sainte-Barbe et le bourg de Plouharnel. Comme je n'irai plus dans ce pays, je vous engage à découvrir et à prendre pour vous ce trésor. »

Lorsque le père Le Rouzic rentra au pays, il passait souvent près de la croix de Kerzivienne et examina bien la pierre carrée de derrière le monument.

Mais là se tenait aussi la nuit un chat blanc et le jour il n'osait pas enlever la pierre de crainte d'être vu.

Ayant bu un jour plus que de coutume, il conta son secret dans un débit de boissons. Quelques jours plus tard, il passait près de la croix et il vit la pierre soulevée, les débris de la culotte rouge traîner sur le mur voisin et le trésor enlevé.

Il regretta beaucoup après, mais il était trop tard.

XI

Une jeune fille d'un village de Carnac rencontra, quelques jours avant l'affaire de Quiberon (juin 1795), un monsieur monté sur un cheval qui lui dit : Viens avec moi, petite, jusqu'au bord de la mer, et là je te montrerai quelque chose. Arrivé près de la roche dit Mének allan, le monsieur descendit de cheval, creusa un trou dans le sable et y déposa une sacoche remplie d'or et d'argent. Il dit alors à la jeune fille : Si dans dix ans je ne venais pas reprendre cette sacoche, tu pourras la prendre pour toi avec l'or qu'elle contient. En rentrant, elle s'empressa de le dire à ses parents et lorsque les dix ans furent passés, elle ne se rappelait plus au juste l'endroit où se trouvait la sacoche. Son frère attela ses bœufs à la charrue et alla avec sa sœur rechercher le trésor en faisant des sillons dans le sable autour de Mének allan.

Ayant rencontré quelque chose de mou, avec le

soc de la charrue, il dit à sa sœur : « A quoi bon chercher ici, cette sacoche a dû être enlevée il y a longtemps et ils rentrèrent à la ferme.

Dans la nuit le frère vint seul et enleva la sacoche et son contenu et garda le tout pour lui.

XII

Tout dernièrement, un mendiant étranger, celui qui voulait faire rentrer le beurre, vint au village de Cloucarnac où il insinua aux cultivateurs qu'il y avait un trésor caché dans les champs du Bossenno, à l'est du village. Ils le crurent d'autant plus facilement qu'un Anglais, M. James Miln y avait fait des fouilles autrefois, et avait découvert un couvent de moines rouges (une villa gallo-romaine). On l'écouta, il fut nourri et logé par l'un d'entre eux, et presque tous les soirs ils l'accompagnèrent dans les landes de Bossenno.

Ils piochèrent ferme, pendant que le mendiant récitait des incantations ; ils ne devaient rien dire et dès qu'ils entendaient le moindre bruit, ils rentraient. Un soir, un hibou vint se percher sur un tas de pierres voisin en lâchant ses cris ; il les fit se sauver au galop parce que, disait le mendiant nous sommes dénoncés et il nous faudra attendre plusieurs jours avant de continuer nos recherches. Il put ainsi se faire loger et nourrir pendant plusieurs semaines.

Voyant le découragement des cultivateurs, il leur fit prendre un soir des sacs pour pouvoir transporter chez eux le trésor, mais le hibou revint encore ; le mendiant leur avoua que c'était fini, le hibou étant le gardien de ce trésor, ils ne le retrouveraient jamais.

C'est alors qu'il alla dans un autre village pour faire revenir le beurre.

XIII

Le Château du Laz.

Un jour les enfants du seigneur du Laz rentraient de la chasse, avec des camarades, ils aperçurent un ouvrier couvreur qui travaillait sur la toiture du château ; ils l'ajustèrent et le tuèrent net. De là vient le nom du château du Laz. Lah en breton veut dire tue.

XIV

Le Seigneur du Laz et le Seigneur de Kermeaux.

Le château du Laz, aujourd'hui dans la commune de la Trinité-sur-Mer, dépendait autrefois de la commune de Carnac, et appartenait aux seigneurs du Laz.

Kermeaux, aujourd'hui simple ferme, situé près des alignements de Kermario, était, aux siècles derniers, une gentilhommerie appartenant aux comtes de Talhouët.

Un dimanche, le seigneur du Laz, venant à la messe au bourg de Carnac, passa prendre son cousin et ami de Talhouët dans son château de Kermeaux. Ne trouvant personne à la maison, il se déboutonna et fit dans le pot au feu qui bouillait dans la cheminée.

En rentrant, le seigneur de Kermeaux comprit le tour que venait de lui faire son puissant voisin. Il s'arma de son épée et vint à Carnac attendre sa sortie de la messe. Dès qu'il apparut, il l'attaqua et le tua net, à l'endroit même où se trouve aujourd'hui la salle à manger de l'Hôtel des Voyageurs. Le comte de Talhouët fut jugé et condamné, puis

grâcié ; mais ses bois furent tous coupés, et il d
ajouter à son nom Talhouët-Grâcié, qui est deven
aujourd'hui Talhouët-Gracionné.

XV

Les abeilles participent toujours au bonheur
au malheur de leur propriétaire. Lorsque la famil
est en fête, pour un mariage ou une naissance,
ruches sont ornées de fragments d'étoffe roug
au contraire, pour le deuil, les ruches sont orné
d'étoffe noire.

XVI

Certaines graines ne doivent être ensemencé
que dans le premier quartier de la lune. D'autre
au contraire, au déclin de cet astre. Le persil
doit jamais être transplanté, de crainte de malhe
il doit être semé.

CHAPITRE VI

Coutumes

I. — *Naissance.*

Lorsque l'enfant est né, les parrain et marraine sont choisis parmi les parents, les amis ou les voisins. Une jeune mère du voisinage, appelée Commère, habille le petit et le prépare pour être transporté au bourg. De la campagne, l'on vient en char-à-bancs, voiture suspendue à deux roues ; la déclaration est faite à la mairie et l'on se rend chez le bedeau, de là au portail sud de l'église paroissiale. Là le prêtre fait l'introduction et l'enfant est porté aux fonds baptismaux où la cérémonie s'achève. Les parrain et marraine montent au clocher, où les cloches sont sonnées à toute volée. Pour les garçons ; la 2e cloche doit sonner la première ; pour les filles, elle doit sonner la dernière, au contraire.

Après avoir payé des dragées aux amis et bu pas mal de petits verres, l'on rentre au village en emportant un litre de vin et un pain blanc qui sont offerts par les parrain et marraine à la mère de l'enfant. Ils prennent un repas en commun et l'on se sépare.

Pour indiquer la naissance d'un enfant, le dit-on populaire est : qu'il y a une petite noce chez un tel ou qu'un tel a mis sa culotte bleue.

II. — *Mariage.*

Dans nos campagnes, peu de cultivateurs font des mariages d'inclination ; tous sont intéressés. Les mariages sont préparés par des entremetteurs, qui se rendent généralement la nuit d'une famille à une autre, vantant les qualités et surtout les richesses de leurs clients. Un vieux dit-on dit : « de valardi er bouchon chudelleù a tal kan scouit. A mardi-gras la lavette vaut cent écus, 300 fr. », ce qui veut dire qu'avant les mariages, les fortunes sont démesurément exagérées, ce qui est cause de bien des discussions dans les nouveaux ménages. Les premières propositions sont faites clandestinement aux jeunes gens. Lorsqu'ils acquiescent, les entremetteurs voient les parents, et si l'accord est possible, les parents se donnent rendez-vous dans une maison amie où les intérêts sont alors débattus. Dès que l'accord est complet, on s'occupe des fiançailles qui sont célébrées le samedi suivant.

Les jeunes gens, accompagnés de garçons et de filles d'honneur, ainsi que des entremetteurs, se rendent au bourg où les déclarations sont faites à la mairie et à la sacristie. Le mariage se célèbre généralement le 2e mardi suivant.

Les invitations sont faites le mardi précédent le mariage par des jeunes gens qui doivent porter une canne toujours à la main droite. Selon les fortunes, plus ou moins de gens sont invités à conduire, c'est-à-dire à accompagner les nouveaux mariés ; les autres personnes sont simplement invitées à la noce ou à travailler.

Les garçons et filles d'honneur escortent les fiancés dans l'une des villes voisines, notamment Auray, faire l'acquisition des parures de mariage qui consistent en une alliance en or, une couronne et un bouquet de fleurs d'oranger.

Les filles d'honneur ont aussi des bouquets avec rubans, qui leur sont payés par leur cavalier. Le dimanche avant le mariage, les jeunes gens s'assemblent au lieu de la noce et préparent quelques couronnes et bouquets de verdure, ornés de fleurs et de rubans multicolores, qui serviront à orner la table d'honneur le jour du mariage.

Il n'y a pas encore longtemps, il était d'usage de faire des arbres d'honneur qui consistaient en un arbre de buis ou de laurier que l'on ornait de fleurs artificielles, de petits gâteaux, d'oranges, de pommes et de rubans en papier et dont la hampe était garnie d'une toile blanche.

Les animaux achetés pour le festin, quelquefois plusieurs bœufs, sont tués et découpés également ce dimanche.

La veille du mariage, les jeunes gens invités à conduire, se réunissent et prennent les cruches des maisons environnantes et, en groupe, vont tous chez les invités prendre le lait doux nécessaire à la fabrication du fare, sorte de flanc, composé de farine, de sucre et de lait doux, et qui est un des principaux régals du pays.

Le matin du mariage, le fiancé accompagné de ses meilleurs amis, se rend au domicile de la fiancée qui, très souvent, est cachée par ses amis dans une grange ou un grenier du voisinage. L'escorte se rend à la mairie, et de là à l'église.

Il est d'usage constant de donner un habit complet du mort à un malheureux du voisinage qui doit les porter à l'enterrement. Anciennement ces vêtements étaient donnés aux pleureurs ou aux pleureuses.

IV

La commune de Carnac possède une église et sept chapelles répandues dans les villages. L'église paroissiale, placée sous l'invocation du pape Saint-Corneille ou Cornély, choisi par les habitants de nos campagnes bretonnes comme patron des bestiaux.

Les pèlerins sont toujours nombreux et le pardon du deuxième dimanche de septembre est un des plus importants de la région.

Les pèlerins entrent d'abord dans l'Eglise, s'agenouillent devant les reliques du saint, déposent leurs petites offrandes dans les troncs, tout en embrassant des lèvres les vitres du reliquaire, font le tour de l'Eglise, tête nue et le chapelet à la main, s'agenouillent devant la façade ouest du clocher sur laquelle se trouve la statue du saint avec deux tableaux faits par le sabotier du pays, et qui représentent deux bœufs ; puis ils se dirigent vers la fontaine, en font le tour, s'agenouillent de nouveau. Alors des mendiants et des enfants du pays qui les ont suivis depuis l'église, tenant à la main un vase rempli d'eau, se disputent pour savoir lequel leur remettra son récipient ; souvent ces disputes dégénèrent en batailles.

Les pèlerins prennent alors un de ces vases, y plongent leur main droite, se signent, se lavent la figure et les mains en levant les bras au ciel pour que l'eau descende sur leur corps ; ils continuent leurs prières et rentrent de nouveau dans l'église. Ils se rendent ensuite au siège de la fabrique, petite maison située près de l'église et sur la façade de laquelle se trouve une statuette de Saint-Cornély, pour faire leurs grandes offrandes, qui sont accueillies au nom du saint par les marguilliers.

Les grandes offrandes consistent en argent, en grains ou bestiaux. Pour ces derniers, une cérémonie spéciale a lieu le matin du 13 septembre, jour de la foire de Saint-Cornély. Les bêtes offertes sont amenées au siège de la fabrique. Avant la grande messe, elles sont conduites près de l'entrée principale de l'église ; le clergé sort en grande pompe, avec la croix et la bannière, bénit le troupeau composé surtout de vaches, de génisses et de veaux, quelquefois de chevaux et de porcs. Aussitôt la bénédiction donnée, ce bétail est conduit, précédé de la bannière et des membres du conseil de fabrique, au champ de foire où il est vendu à l'encan par les marguilliers.

Le jour du pardon et de la foire, de grandes processions ont lieu dans l'après-midi. Les reliques sortent et sont portées par des abbés, les bannières et les croix par les pèlerins de tous les pays, et fort est celui qui, avec une de ces bannières, fait le tour du bourg. Il n'y a pas encore fort longtemps qu'un jeune homme de la commune de Plœmel tomba mort en rentrant à l'église, après avoir fait des efforts surhumains pour porter seul cette bannière.

Le matin du 13 septembre, deux processions ont encore lieu : celles des communes de Plœmel et de Crach. Ces processions partent des routes d'Auray et de la Trinité-sur-Mer, pour faire le tour habituel.

La fabrique vend aux pèlerins des cordes en chanvre mesurant une brasse et qu'ils portent en écharpe, ainsi que des images d'Epinal représentant le saint entouré d'animaux. Ces images sont portées généralement sur le chapeau et sont placardées dans les étables. Parmi ces pèlerins, il y en a qui viennent de très loin, souvent à pied. Ils arrivent la veille, parcourent le bourg, cherchant à se loger, le plus souvent dans les greniers. Le gîte trouvé, ils vont voir la mer, le Mont Saint-Michel et les alignements, soldats de saint Cornély, puis se répandent dans les débits, où ils chantent fort tard dans la nuit. Le lendemain, après avoir entendu la messe, ils font leur procession et se remettent en route.

Pendant les soirées de septembre, les cultivateurs des alentours amènent leurs bestiaux au pèlerinage de saint Cornély. Ils viennent en bandes, par village, les uns attachés, les autres en liberté, accompagnés des maîtres et des serviteurs. Ils font d'abord le tour de l'église ; les conducteurs s'agenouillent devant la façade ouest du clocher et, pendant que les gens prient, les animaux satisfont, presque toujours, des besoins naturels sans guère se soucier du lieu ni du but de leur sortie; puis ils se dirigent vers la fontaine, où l'eau de la source est répandue sur toutes les têtes du troupeau ; après une courte prière, ils rentrent dans leur village.

Beaucoup de nos gens affirment que si l'on n'amenait pas les bêtes au pèlerinage, elles viendraient seules.

V

La chapelle de la Vierge, située au haut du bourg, occupe l'emplacement de l'église paroissiale antérieure à 1639. Elle est dédiée à la Vierge et sert aux offices des congréganistes. On s'y rend en neuvaine pour les mourants.

VI

La chapelle de Saint-Michel, placée au sommet du plus grand tumulus de la région, date de 1664 ; elle a dû remplacer une des premières chapelles du pays, et peut-être même un temple romain. Dédiée à saint Michel, on y dit la messe une fois l'an, le 1er dimanche de septembre. Les femmes de marins de nos côtes s'y rendent en pèlerinage pour obtenir des vents favorables à leurs maris ; elles balaient la chapelle à cette intention, en poussant la poussière du côté d'où l'on veut que viennent les vents.

La fontaine de Saint-Michel, aujourd'hui en ruine, est située à 250 mètres environ et au nord-nord-est du tumulus. Les pèlerins vidaient aussi autrefois cette fontaine, pour obtenir de bons vents et de bons voyages.

VII

La chapelle de Saint-Tual, au village du Moustoir, est du xiie siècle; la fontaine du saint est tout à côté. L'assemblée annuelle a lieu le 2e dimanche du mois d'août.

VIII

La chapelle de la Madeleine, près du village de Kergarec, est de construction moderne et a remplacé une plus ancienne. A côté se trouve la fontaine de Sainte-Madeleine, dont la source est recherchée pour guérir la fièvre et les maladies de peau. L'assemblée annuelle a lieu le 4e dimanche de juillet.

IX

La chapelle de Saint-Guénaël, au village de Kergroix, est du xve siècle; la fontaine du saint se trouve tout à côté. L'assemblée annuelle est le 4e dimanche du mois d'août.

X

La chapelle de Saint-Guénolé, près du village

de Coët-a-tous, est moderne ; elle a remplacé une plus ancienne, dont les ruines existent encore dans le village. Près de cette dernière, il y avait un sarcophage aujourd'hui placé près de l'église paroissiale. La légende dit que c'est le tombeau de saint Guénolé. La fontaine du saint se trouve au sud de la chapelle, près du ruisseau.

Saint Guénolé passe pour avoir cultivé le premier la pomme en Bretagne et doit être le patron des nombreux ivrognes du pays. L'assemblée annuelle est le 1er dimanche après l'Ascension.

XI

La chapelle de Saint-Aubin, au village du Hanhon, est du xviie siècle ; la fontaine du saint est dans son voisinage. Sa vertu est de guérir les maux d'yeux. A côté de la chapelle se trouve la partie supérieure d'une borne ou d'un lech, appelé *mensan-Albin*, la pierre de Saint-Aubin. L'assemblée annuelle est le 2e dimanche du mois de juillet.

XII

La chapelle de Saint-Colomban ou Saint-Clément au village du même nom, construite au xvie siècle, est très remarquable, ainsi que la fontaine du saint, située à 250 mètres environ à l'est du village. On s'y rend pour avoir de l'esprit, quoique les habitants du pays n'en aient guère. Au fond de la chapelle se trouve le trou de l'esprit, dans lequel, aujourd'hui, on délaie de la chaux et dans lequel les pauvres d'esprit devaient plonger la tête. L'assemblée annuelle est le 4e dimanche après Pâques.

XIII

La commune voisine de Plouharnel possède une église paroissiale dédiée à saint Armel ; elle n'a rien de bien intéressant.

XIV

La chapelle des fleurs, dédiée à la Vierge, construite au xvie siècle, est très belle, ainsi que sa fontaine. L'assemblée annuelle est le 1er dimanche de mai.

XV

La chapelle de Sainte-Barbe, dans le village de ce nom, construite au xvie siècle, par les anglais, dit-on, est très remarquable, ainsi que sa fontaine.

On s'y rend en pèlerinage contre les incendies et les clous.

XVI

La chapelle de Saint-Antoine, située à deux kilomètres environ et au nord du bourg, est du XVIIᵉ siècle, ainsi que sa fontaine.

Jusqu'à ces dernières années, saint Antoine était invoqué pour la guérison et la conservation des porcs. Le curé, voyant qu'il n'y avait pas de saint Eloi dans la région, en acheta un et le joignit à saint Antoine, et fit célébrer sa fête le 1ᵉʳ dimanche de décembre, avec une bénédiction aux chevaux. En peu d'années saint Eloi était connu, et les propriétaires de chevaux se donnèrent rendez-vous à cette chapelle les premiers dimanches de décembre ; et l'on y compte parfois jusqu'à 400 chevaux autour de la chapelle, pendant la messe ; puis ils font une procession en colonne en suivant un chemin creux pour repasser devant la fontaine où se tiennent le marguillier, tenant un plat pour recevoir les offrandes, et le curé de la paroisse, monté sur un talus, tenant une branche de laurier pour asperger les chevaux dont les conducteurs ont jeté dans le plat quelques deniers et restant immobile devant ceux qui n'ont rien versé.

Cette cérémonie, très récente, est des plus intéressantes.

XVII

La chapelle du Cohquer est située dans le village de ce nom et est dédiée à sainte Brigitte, qui est invoquée contre les maux de dents. La fontaine de la sainte est située dans un pré, à 400 mètres environ et au sud du village ; son eau a la propriété de faire marcher les petits enfants. A cet effet, on les conduit en pèlerinage, et après avoir prié dans la chapelle, l'on se rend à la fontaine, où les enfants sont plongés jusqu'à mi-corps et où leurs chemises sont lavées et séchées pour être portées ensuite.

A la chapelle de Sainte-Avoie, commune de Pluneret, les enfants sont placés, pour les mêmes raisons, les fesses nues sur une meule primitive, provenant de quelque tumulus, placée devant la statue de la sainte, à l'autel de la chapelle, et qui est indiquée comme étant la barque dans laquelle la sainte traversa les mers pour venir s'échouer à Pluneret.

XVIII

La grotte de Place-Ker, située à 1 kilomètre environ et au nord du bourg, est une grotte artificielle renfermant une statue de la Vierge et garnie de bouquets et de couronnes de nouvelles mariées. Ce pélerinage est très suivi, et à plusieurs reprises le clergé paroissial a ramassé les fonds nécessaires pour construire une chapelle dans ce lieu, où il y en a eu déjà une autrefois. Mais, aux derniers moments, les fonds disparaissaient et la chapelle est restée en projet.

XIX

La commune de Plœmel possède une chapelle dédiée à Notre-Name de Recouvrance, et qui était autrefois très fréquentée par les femmes et parents des marins de nos côtes.

Lorsqu'on était sans nouvelles des marins, on s'y rendait et on jetait des morceaux de pain dans la fontaine ; si le pain surnageait, c'est que le marin était en vie, mais, au contraire, si le pain coulait, c'est que le marin et la barque étaient perdus.

XX

L'assemblée de ces chapelles consiste, au point de vue religieux, à y dire une grande messe et à y chanter les vêpres, et au point de vue laïque à faire un repas de famille ; les habitants du village et des villages environnants invitent leurs parents et amis à un festin qui se termine généralement par des beuveries.

Les prêtres ont leur part dans le festin, et les meilleurs morceaux de chez le marguillier sont pour eux. Leurs exigences ont même exaspéré quelques-uns d'entre eux, et plusieurs de ces chapelles n'ont plus de marguillier actuellement.

XXI

La veille des jours de Noël, Vendredi-Saint et de la fête des Morts, les jeunes gens s'assemblent par groupes de 3 à 4 et vont chanter aux portes des habitations des cantiques de circonstance. La veille de la Saint-Jean, les enfants amassent des bois et font des feux de joie sur les hauteurs, près des villages. Quelques hommes disposent près du feu un de ces énormes bassins de cuivre dits *pelcy-*

arem, et, avec des joncs, font vibrer le bassin en y ajoutant un couteau ou un chapelet. Ces vibrations s'entendent de très loin.

Le même soir, les cultivateurs allument des feux de verdure à l'entrée des chemins creux, près des villages, dans la fumée desquels passent tous les troupeaux des fermes. Les charbons et les cendres même de ces feux sont conservés pieusement comme talisman contre les malheurs qui pourraient arriver aux gens et aux bêtes. Des feux de joie sont également allumés la veille de la fête de saint Pierre.

XXII

Quelques familles possèdent encore des colliers amulettes dits *Gougad-Paterenen,* composés de perles de différentes époques, et que l'on porte contre les maux d'yeux, de gorge et autres maladies.

CHAPITRE VII

Proverbes. — Contes.

I

En aval Ru. — La pomme rouge.

Il y avait une fois une vieille femme qui avait
deux petits enfants. Elle leur dit : *Kerhet der hoed
de Glask koed seh er hetan a zei in drou en devout.
in aval ru.* (Allez au bois chercher du bois sec ; le
premier qui reviendra aura une pomme rouge.)

Aussitôt ils coururent au bois, et la petite fille
eut bientôt ramassé un fagot. Son frère, qui était
resté jouer sur la route, arriva à son tour, et quand
il vit que sa sœur avait accompli sa tâche, il lui
prit son fagot et courut à la maison. Quand il y
arriva, il demanda à la vieille : — *Imen i ma en
aval ru ?* (Où est la pomme rouge ?) — *i ma bar*

ir bank tal er guli (elle est dans le banc-coffre, près du lit), dit-elle ; et la vieille souleva le couvercle, en lui disant . — Avance la tête dedans, tu la verras et tâche de l'attraper. — J'ai beau regarder, répondit l'enfant, et je ne vois rien. — Avance davantage la tête, et tu la verras.

Quand le petit garçon eut la tête dans le coffre, la vieille ferma le banc et sauta dessus ; la tête de l'enfant fut tranchée ; puis elle coupa le corps du petit en morceaux et les mit dans sa marmite qui bouillait sur le feu.

Quand la petite fille revint, elle demanda: — *Imen hi mam e brorek*? (Où est mon petit frère?) — *Oeid ou de hoarei ged di gameraded* (il est allé jouer avec ses camarades), répondit la vieille. Mais la petite fille eut beau chercher son frère, elle ne le trouva pas. Elle revint à la maison. — *Groeit tan i dan er seben* (faites du feu sous la soupe), dit la vieille.

Comme la fille activait le feu et que la soupe bouillait, elle entendit la voix de son petit frère qui lui criait : — *Tan behan hoerek, tan behan hoerek* (petit feu, petite sœur ! petit feu, petite sœur !) — Mon Dieu ! s'écria-t-elle, vous avez mis mon frère dans la soupe. — *Ne dechet guir*, ce n'est pas vrai, dit la vieille ; et elle trempa la soupe.

Lorsque les écuellées furent prêtes, la vieille dit à sa fille : *Kerhet de gas seben d'hou tad hag a zou i laboura barh ir park.* (Allez porter la soupe à votre père, qui travaille dans le champ). La petite fille obéit, mais en route elle ne cessait de penser à son petit frère qu'elle aimait tant, et elle demandait au bon Dieu de le mettre dans son Paradis.

Pendant que son père mangeait, la petite fille pleurait et ramassait tous les os que son père jetait. Elle les mit dans son pot à soupe. En rentrant elle les lava dans une fontaine et aussitôt les os s'envolèrent au paradis.

Le soir, en rentrant à la maison, elle entendit la voix de son frère qui l'appelait du haut du ciel en lui disant : — *Hoerek ra ha torn d'ein.* (Petite sœur, donne-moi ta main). La petite leva les bras et son frère, la prenant par la main, l'enleva avec lui au Paradis.

Il dit ensuite à son père : — *Me zad ra a torn dein.* (Mon père, donne-moi la main) Le père leva se, bras et son petit garçon, le prenant par la main: l'enleva aussi au Paradis. Il dit aussi à sa mère : —*Me mam ra ha torn dein.* (Ma mère, donne-moi ta main). Elle leva ses bras et son petit garçon, la prenant par la main, la précipita au fond de l'enfer,

et au lieu d'une pomme rouge elle y trouva un feu
rouge.

II

Er-groah ag er blei. — La vieille et le loup.

Il y avait autrefois une très vieille femme qui
habitait seule une petite maison au milieu des bois.
Tous les jours, elle allait prendre du bois sec dans
la forêt, mais avant de sortir, elle cuisait sa bouillie
d'avoine (*you keh*), et la laissait refroidir sur la
table.

Un jour, elle trouva son bassin vide, ainsi que le
lendemain et le surlendemain. Elle devina que le
loup rentrait manger sa bouillie pendant son absence.

La vieille cuisit alors une grosse bassinée de
bouillie et plaça sur le feu une grande marmite
d'eau qu'elle fit bouillir. Elle s'écarta alors de la
maison, et revint quelque temps après ; elle constata de nouveau que sa bouillie avait disparu ; elle
regarda autour d'elle et elle vit les deux yeux du
loup qui brillaient sous le lit comme l'éclat du
soleil. Vite, elle prit l'eau bouillante et la jeta sur

le loup, qui perdit tout son poil ; en se débattant, il essayait de passer à travers les barreaux de la fenêtre, mais, ayant trop mangé, il ne pouvait plus sortir. Pendant ce temps, la vieille l'arrosait d'eau bouillante, et elle ne le laissa sortir que lorsqu'elle n'en eut plus.

Les jours suivants, le loup ne revint pas, et la vieille riait de bon cœur de lui avoir joué ce tour.

Quelque temps après, la vieille se trouvait dans les bois, et elle aperçut son loup ; de son côté, il la reconnut, et de suite il se mit à hurler de toutes ses forces, appelant ses confrères à son secours. Bientôt ils arrivèrent de toutes parts, grands et petits ; tous ensemble, ils menacèrent la bonne femme. Celle-ci, surprise, et ne sachant que faire, monta dans un sapin ; aussitôt les loups l'entourèrent et décidèrent de l'atteindre. Mais comment ? — Se mettre les uns sur les autres, dit l'un ; qui se mettra dessous ? — Moi, reprit l'échaudé ; et de suite il se cramponna à l'arbre. Un deuxième monta sur lui, puis un 3e, un 4e, un 5e, un 6e ; le 7e allait l'atteindre. La bonne femme tremblait de frayeur, croyant ses derniers moments arrivés ; elle ne put s'empêcher de pisser. Les gouttes tombèrent sur le loup échaudé ; il crut que la vieille l'arrosait encore d'eau bouillante, lâcha prise et se sauva en hurlant. Ses confrères, qui fixaient la vieille, dégringolèrent plus vite qu'ils n'étaient montés. Dans leur chute, ils se firent de graves blessures. Les uns avaient les pattes cassées, d'autres les côtes. Ils lancèrent à travers la forêt des hurlements terribles, se promettant de venger la lâcheté de leur compagnon.

Peu après, ils le rencontrèrent et le dévorèrent.

Depuis ce jour, aucun loup n'osa pénétrer chez elle, et sa vie s'écoula si paisiblement qu'elle ne savait plus son âge, ni à quelle époque cela lui était arrivé.

III

Er neù Kompir, er blei ag er-luhern. — Les deux compères, le loup et le renard.

Il y avait une fois un loup qui n'avait pas mangé depuis plusieurs jours. Il vint rôder autour du village. Il y trouva son compère le renard, qui dévorait un gros coq pris dans une écurie voisine. — Tiens, dit le loup, je tombe bien, tu vas m'en donner une part. — Qu'à cela ne tienne, répondit le renard, viens avec moi, je vais t'indiquer l'endroit

où tu pourras en trouver et le nombre que tu voudras. Il lui indiqua alors un poulailler en lui disant :
— Entre hardiment et fais ton choix. Il ouvrit la porte et la referma aussitôt sur le loup. Le coq chanta et les habitants du village, qui depuis longtemps guettaient la venue du renard, arrivèrent armés de bâtons et de fourches et rouèrent de coups le pauvre loup affamé. Il put tout de même se sauver et aller chercher fortune ailleurs.

Quelque temps après, il rencontra encore le renard qui mangeait des mottes de beurre. — Tiens, dit le loup, je me trouve toujours aux bons moments. — Oui, dit le renard, un peu tard. Mais écoute : demain c'est jour de marché à Auray, les paysans vont envoyer des tas de beurre en ville ; couche-toi là et fais le mort ; le premier qui passera ici te ramassera pour vendre ta peau. Quand tu seras dans la charrette, tu prendras autant de mottes que tu voudras et tu te sauveras.

— C'est entendu, dit le loup. Et il se coucha au milieu de la route.

Le premier paysan qui passa se dit : — Tiens, voilà un beau loup de crevé ; envoyons-le au marché ; mais de crainte qu'il ne soit pas complètement mort, passons la charrette dessus. La charrette

étant chargée, était lourde, et faillit écraser le loup.
Il put tout de même se sauver, et il resta dans son
terrier pour se guérir.

Quelque temps après sa guérison, il se trouva en
face du renard qui, cette fois, mangeait du poisson.
— Méchant compère, cria le loup, deux fois tu as
failli me faire tuer. Tu y passeras cette fois à moins
que tu ne me donnes la moitié de ta cotriate de
poissons. — La moitié, compère? le tout, je te le
promets ; mais comme celui-ci est mangé, nous
allons en pêcher de nouveau, suis-moi. Il le condui-
sit au bord du ruisseau et lui dit : — Tiens, mets-toi
là, de façon que ta queue reste constamment dans
l'eau, les poissons viendront en nombre mordre
dans ton poil, mais ne bouge pas avant qu'ils ne
soient bien pris. L'on était en plein hiver et il gelait
dur. L'eau glacée retenait la queue du loup qui,
de temps en temps, se redressait pour s'assurer s'il
y avait du poisson. A la pointe du jour il se décida
à sortir de sa position, mais il lui était impossible
de se dégager. Convaincu qu'il avait affaire à des
quantités de poissons, il se débattit, si bien que sa
queue resta dans la glace. Trompé encore par le
renard, il jura qu'il ne le surprendrait plus et, le
rencontrant dans les bois, il lui reprocha sévère-

ment sa conduite et le menaça de l'étrangler :

Soyez plus calme, compère, lui dit le renard, et si vous tenez tant à votre queue, suivez-moi ; je vous en paierai une neuve. Ils rentrèrent ensemble chez un forgeron du lieu et le renard commanda une queue en fer.

Le forgeron comprit ce qu'il fallait, chauffa immédiatement une barre de fer. Lorsqu'elle fut assez rouge, il l'introduisit à la place de l'autre. Le loup, brûlé au vif, se sauva en hurlant. Sa chair faisait kige-kige ; en traversant les flaques d'eau, le fer chaud faisait également kige-kige. Le loup, croyant avoir toujours le forgeron derrière lui, se sauvait sans regarder. Le renard riait comme un fou, mais le loup, l'ayant aperçu, mit son pied dans sa bouche et se mit à hurler. Tous les autres loups du bois vinrent à son secours, et tous ils se mirent à la poursuite du renard, qui se sauva dans un arbre. Les loups se mirent les uns sur les autres, celui qui avait la queue de fer au fond. Mais lorsque le dernier allait le saisir, le renard pissa sur la barre de fer qui n'était pas encore refroidie ; elle fit kige-kige. Le loup crut que le forgeron était de nouveau derrière lui, lâcha prise, et toute la bande tomba les uns sur les autres en se faisant beaucoup de mal. Tous se sauvèrent chacun de son côté, et depuis le renard est resté le maître du quartier.

IV

Er-hrdœur· — L'enfant prodigue.

Des vieux de la campagne avaient, en travaillant, économisé beaucoup d'argent et n'avaient qu'un fils. Un jour, la bonne femme dit à son mari : — Si tu voulais m'écouter, on enverrait notre gâs à l'école. Le bonhomme répondit : — Je le veux bien. La mère remit alors mille écus (mille skuit) à son fils, en lui disant : — Tiens, va en ville, et instruis-toi.

En route, il trouva un homme qui possédait un rat intelligent, chantant au biniou : — Tiens, dit-il, voilà quelque chose de bien drôle ; avec ça on pourrait gagner sa vie sans travailler, je vais l'acheter. Il en demanda le prix à son propriétaire. — Mille skuit (1.000 écus), dit-il. — Mille écus pour un rat, dit le jeune homme ; c'est vraiment cher. — Mille skuit (1.000 écus), et c'est à prendre ou à laisser répondit le propriétaire. — Mille écus, c'est entendu ! reprit le jeune homme ; voilà ; donnez-moi le rat et son biniou. Il courut alors les villages et les villes, les foires et les marchés de tous les pays, en faisant jouer le biniou à son rat. Il gagna beaucoup d'argent, mais comme il avait toujours soif, il le dépensait au fur et à mesure, et ne pouvait même pas s'acheter de vêtements. Fatigué de courir les grandes routes, il revint, pauvre comme son rat, chez ses parents. Sa mère, heureuse de le revoir, lui dit : — Eh bien ! mon fils, qu'est-ce que tu as appris pendant ton long séjour à l'école? — Beaucoup de choses, dit-il, voyez : *Gloria in excelsis Deo.* — Ah oui ! c'est bien, tu chantes aussi bien que notre vicaire. — Oui, répondit-il, mais si j'étais resté encore quelque temps, j'aurais appris beaucoup plus. — Eh bien ! dit sa mère, voici mille autres écus et vas-y. Il repartit. En passant dans un village, il trouva un homme qui faisait sonner la bombarde à une souris. — Tiens, dit-il, une souris sonnant la bombarde ferait bien avec mon rat et son biniou. Combien la souris et la bombarde, demanda-t-il. — Mille skuit (1.000 écus), dit le propriétaire. — Mille écus pour une souris, c'est tout de même un peu cher. — Mille skuit (1.000 écus), et c'est à prendre ou à laisser. — Mille écus, c'est entendu ! dit le jeune homme ; les voilà ; donnez-moi la souris et sa bombarde. Il continua son chemin, visitant les villages et les villes, les pardons et les foires ; il gagna beaucoup d'argent, mais comme il avait toujours le gosier sec, il mangeait tout en boisson et ne pouvait rien s'économiser.

Fatigué de nouveau de courir le monde, il revint chez ses vieux parents, qui étaient bien contents de le revoir. Sa mère lui dit : — As-tu beaucoup appris depuis, mon enfant ? — Oh oui ! ma mère, voyez : *Credo in unum Deum, patrem omni potentem.* — Ah, mais oui ! c'est bien, c'est même mieux que notre curé. — Oui, répondit le jeune homme, c'est bien ; mais si j'étais resté encore un peu plus longtemps, j'aurais alors tout appris et j'aurais pu aller partout. — Eh bien ! dit la mère, voilà encore mille écus, mais ne m'en demande plus.

Il repartit. En passant dans un bourg, il trouva un homme qui faisait battre le tambour à un scarabée de bouse de vache : — Tiens, dit-il, un scarabée (*in huil gauh*) qui bat du tambour ; avec mon rat et ma souris, j'aurais un beau trio. Combien le scarabée ? — Mille shuit (1.000 écus), dit le propriétaire, et c'est à prendre ou à laisser. — Tiens, répondit-il, voilà mille écus, et donne-moi le scarabée et son tambour.

Il continua alors sa route, et parcourut une bonne partie du monde ; mais ayant toujours envie de boire, il ne pouvait économiser aucun sou. Il fut de nouveau fatigué, mais cette fois il n'osait pas rentrer chez ses vieux parents. Un jour il apprit que le roi voulait marier sa fille. Cette dernière n'avait jamais ri, et son père fit publier dans tout son royaume qu'il la marierait à celui qui la ferait rire le premier : — Tiens, se dit-il, si j'allais avec mes animaux, peut-être je la ferais rire. Il alla directement au château, où le roi lui dit : — Ma fille est actuellement avec un grand monsieur dans le jardin, mais tu peux aller quand même, car tu ne seras pas plus avancé. Lorsqu'il fut en présence de la princesse, il s'inclina et lui demanda à lui présenter ses bêtes savantes. Il plaça d'abord son rat et son biniou au milieu de l'allée. En le voyant, la mine de la princesse devint plus gaie. Lorsqu'elle vit la souris avec sa bombarde, elle sourit ; mais lorsqu'elle vit et entendit le scarabée battre du tambour, elle se mit à rire aux éclats. Alors, le beau monsieur prétendit que c'était lui qui l'avait fait rire, et il y eut de grandes discussions. Pour trancher la question, le roi leur dit : — Je vous permets de coucher tous les deux avec ma fille pendant trois nuits, et celui vers lequel elle sera tournée le matin l'aura en mariage. Ils couchèrent donc tous les trois dans le même lit, le monsieur dans le *toul-plouze*, côté du mur, la princesse au milieu et le jeune homme au *toul Kenet*, côté de la chambre. Pendant la nuit, le jeune homme dit à son scarabée : — Toi qui vis toujours dans la bouse de vache et qui m'a coûté mille écus, ne pourrais-tu pas forcer mon concurrent à salir ses draps ? — Je vais essayer, dit-il, et il s'en alla. Quelque temps après la princesse, incommodée par les mauvaises odeurs, tourna la tête du côté de la chambre ; le roi le constata. Le lendemain, ils se promenèrent tous les trois en ville ; le monsieur, apercevant un cordonnier, entra dans sa boutique, sous prétexte de faire coudre son soulier, mais en réalité pour se faire couvrir le... derrière d'une pièce de cuir. Le soir, ils mangèrent et se couchèrent de nouveau ensemble. Dans la nuit, le jeune homme dit à son scarabée : — Ne pourrais-tu pas faire la même opération que hier soir ? — Je vais essayer, dit-il, et il s'en alla ; mais il trouva la porte barricadée par une pièce de cuir. Il revint le dire à son maître. — Eh bien, dit celui-ci au rat, toi qui ronge le cuir, tâche de m'aider, et le rat accompagna le scarabée. Le rat rongea le cuir à l'endroit voulu ; aussitôt la princesse sentit les mauvaises odeurs, et elle se tourna pour la deuxième fois du côté du jeune homme, et le roi le constata. Dans la journée ils se promenèrent de nouveau en ville et, sous un prétexte, le monsieur entra chez un forgeron pour se faire boucher avec un coin de fer. Le soir, ils mangèrent et se couchèrent ensemble. Le scarabée fut envoyé faire sa corvée, mais il rencontra un sérieux obstacle ; il revint chercher aide ; le rat l'accompagna, mais sans pouvoir rien faire. Le jeune homme pria alors la souris de les aider ; celle-ci se mit à gratter le corps du monsieur, et lorsqu'elle arriva au bout de son nez, il éternua si fort que son coin de fer sortit tout seul, et le scarabée fit son travail. La princesse, ne pouvant supporter pareille odeur, se leva en jurant qu'elle ne voulait pas dormir avec un pareil mari. Elle se maria alors avec le jeune homme. Le roi fit faire de grandes fêtes, auxquelles furent invités tous les gens riches du pays. Moi seul étais excepté. Après son mariage, il vint avec la princesse voir ses vieux parents. Ils embarquèrent dans une belle voiture, ayant cocher devant et cocher derrière. Lorsqu'ils arrivèrent chez les vieux, ceux-ci ne le reconnaissaient plus, tellement il était beau. A force d'explications, ils durent le reconnaître, et il leur conta ses aventures. Il en avait tant à leur raconter qu'il y est encore, s'ils ne sont pas morts.

V

Iehann lag i voèze. — Jean et sa femme.

Iehann était sot comme ses sabots. Un jour sa femme lui dit : — Iehann, je vais à la messe ; surveille notre enfant qui dort dans son berceau, et surtout ne laisse pas les mouches se poser sur sa figure. Iehann veilla bien, mais les mouches allaient quand même sur la figure de l'enfant. Iehann leur criait chou, chou, mais les mouches ne s'envolaient point. Alors il prit une massue (*er mel*) et les écrasa, mais il écrasa aussi son enfant. Lorsque sa femme rentra, elle trouva son enfant mort, et Iehann qui le gardait.

Un jour elle lui dit : — Iehann, je vais travailler ; quand il sera l'heure de mettre le dîner sur le feu, tu iras prendre l'eau et tu y délaieras cette farine, puis tu en feras de la bouillie. Lorsque l'heure fut arrivée, il se dit : — A quoi bon aller chercher de l'eau à la fontaine ? il est préférable d'apporter la farine en la délayant dans la fontaine même. Il y jeta sa farine, mais il avait beau la remuer, elle ne cuisait pas, et lorsque sa femme rentra il n'y avait aucun souper de préparé.

Un autre jour sa femme lui dit : — Iehann, je vais aller à la foire ; lorsqu'il sera temps de mettre la vache dehors, tu la mettras paître à l'endroit où il y aura le plus d'herbe. Lorsque l'heure arriva, il sortit voir où il y avait le plus d'herbe. Ce fut sur la toiture de sa demeure qu'il y en avait le plus ; mais comme il était difficile, sinon impossible, de faire monter la vache sur le toit, il lui coupa la tête et la porta sur la toiture. Quand sa femme rentra, elle trouva le corps de sa vache à l'écurie et sa tête sur la maison.

Comme ils ne possédaient pas autre chose, sa femme lui dit : — Iehann, allons maintenant chercher notre pain (mendier). En partant sa femme lui dit : — Iehann, ferme bien la porte. Et Iehann démonta la porte et la porta sur ses épaules.

En passant dans une barrière, sa femme lui dit : — Iehann, ferme la barrière. Et Iehann démonta la barrière et la porta sur le dos.

En traversant une forêt, ils furent surpris par la

nuit. Iehann monta sur un arbre, y installa la barrière, puis la porte, et ils dormirent dessus.

Au milieu de la nuit, ils entendirent une bande de voleurs qui se partageaient une somme d'argent sous l'arbre même ; l'un disait : — Vingt, cent ; l'autre : — Cinq cents, mille ; et le troisième : — Cinq mille, dix mille. — Ah ! disait Iehann, si nous avions la moitié de cet argent, nous serions heureux et nous ne coucherions pas à la belle étoile. Aussitôt, il jeta la table sur les voleurs. A ce moment, l'un d'entre eux allait causer, la table lui tomba sur la tête et il eut la langue coupée. Les deux autres se sauvèrent sans songer à l'argent. Celui qui avait eu la langue coupée criait bien, mais ses camarades étaient convaincus qu'ils avaient affaire au diable, et se sauvèrent plus vite.

Au jour, Iehann et sa femme descendirent de l'arbre et ramassèrent tout l'or et l'argent que les voleurs avaient abandonné. Ils retournèrent alors à leur petite maison, où ils vécurent heureux longtemps après.

VI

Merh-er-roui hag er-ham — La fille du roi et le boiteux.

Le roi avait un jour une fille à marier ; mais elle

ne voulait prendre en mariage que le jeune homme qui aurait pu lui répondre trois mots (*tre-gir*).

Plusieurs hauts personnages et les nobles du pays avaient essayé de lui causer, mais aucun n'avait pu continuer une conversation de trois mots avec la princesse.

Un jour, deux frères, paysans de la campagne, se dirent : — Allons voir la princesse, peut-être pourrons-nous l'obtenir en mariage. — J'irai avec vous, leur dit leur troisième frère, qui était laid et boîteux. — Pourquoi, lui dirent-ils, est-ce que la fille du roi se mariera avec un boîteux ? (*ir-ham*). — Bah ! dit-il, j'irai quand même. Les deux premiers se mirent en route sans attendre le boîteux ; mais, au bout de quelque temps, le boîteux trouva un œuf (*in u*), et il se mit à crier : — *E mes kavel, e mes kavel*, j'ai trouvé, j'ai trouvé. — Tiens, dirent ses frères, le boîteux a trouvé quelque chose ; attendons-le. Lorsqu'il arriva, ils lui demandèrent : — Qu'est-ce que tu as trouvé ? — Un œuf, répondit-il. — Voilà quelque chose, un œuf ! Et ils repartirent.

Un peu plus loin, le boîteux trouva (*ir brochek kam*) un petit bois courbé, et il se mit à crier. — *Er mes kavel, er mes kavel* ; j'ai trouvé, j'ai trouvé. Ses frères se dirent : — Tiens, le boîteux a trouvé encore quelque chose, attendons-le. Quand il arriva, ils lui dirent : — Qu'est-ce que tu as trouvé ? — (*Petra i es kavet ir brochek kam*), un petit bois courbé. — Voilà quelque chose, un petit bois courbé ! Et ils repartirent.

Au bout de quelque temps, le boîteux trouva un tas de crotins de cheval (*ir bern kauh-marh*), et il le mit dans son bonnet et se mit à crier : — *Er mes kavet, er mes kavet* ; j'ai trouvé, j'ai trouvé. — Les frères se dirent : — Tiens, le boîteux a encore trouvé quelque chose ; attendons-le. Quand il arriva, ils lui dirent : — Qu'est-ce que tu as encore trouvé (*Petra i es hoah kavet*) ? — Un tas de crotins de cheval (*ir bern kauh-marh*). — Ah ! voilà quelque chose, un tas de crotins de cheval ; et tu les as mis dans ton bonnet ? Et ils se sauvèrent. Ils arrivèrent peu après au château du roi et ils demandèrent à voir la princesse. On introduisit l'aîné près d'elle, dans le salon. Il la salua, en lui disant : — *Bonjour, princesse, kaer ou hiniu* (bonjour, princesse, il fait beau, aujourd'hui). — *En tan i me rèvr*, le feu au derrière, dit-elle, ne sachant que répondre. Il dut sortir. Le deuxième entra à son tour et lui dit aussi :
— *Bonjour, princesse, kaer ou hiniu* ; bonjour, prin-

cesse, il fait beau aujourd'hui. — *En tan i me rèvr,*
le feu au derrière, dit-elle. Embarrassé, et ne sachant non plus que répondre, il sortir à son tour.

A ce moment arrivait le boîteux qui demanda,
lui aussi, à voir la princesse. Comme ses frères, il fut
introduit près d'elle, et il lui dit : — *Bonjour, prin-*
ces, kaer ou hiniu ; bonjour, princesse, il fait beau
aujourd'hui. — *En tan i me rèvr*, le feu au derrière,
dit-elle. — *Mi zariou menu abarh, princesse* ; j'y
cuirai mon œuf, princesse, dit-il. — *Gel petra*
in ni tenei ti ir mès ? avec quoi le tireras-tu
dehors, répondit-elle. *Getme brochek kam, prin-*
cesse, dit-il. — **Y** *a pi kauh-marh* ; oui, ou des
crotins de cheval, dit-elle. — *Lan men bounet,*
princesse ; Plein mon bonnet, princesse. Et elle dut
reconnaître que le boîteux avait bien répondu à ses
trois paroles. Ils se marièrent ensemble, et l'on fit
une grande noce ; j'y étais moi aussi ; nous avions
dansé pendant trois jours et trois nuits ; mes
parents m'avaient fait confectionner un vêtement
complet en papier de soie, une paire de souliers en
verre et un chapeau de crêpe. En revenant à la
maison, j'étais bien fatigué et j'avais faim, je man-
geai mon chapeau de crêpe ; en passant l'escalier (*er bazen*), je cassai mes souliers de verre, et

avant d'arriver je reçus une ondée de pluie qui déchira tous mes vêtements en papier, et je dus rentrer nu comme un vers. C'est moi qui avais eu honte. Jamais js n'oublierai la noce du boîteux.

VII

Le curé et son bedeau

Il y avait autrefois, dans la paroisse de Saint-Barthélemy, un vieux curé qui était très lent à dire sa messe et surtout à faire son sermon. Aussi, lorsqu'il montait en chaire, tous les hommes et une partie des femmes quittaient l'église pour aller dans les auberges boire des bolées et fumer leurs pipes (*ur hoarnad butum*). Lorsque ce curé mourut, il fut remplacé par un jeune ; mais les paroissiens qui avaient l'habitude de sortir pendant les sermons, le faisaient toujours, malgré la défense de leur nouveau curé. Ne sachant que faire pour leur faire perdre cette habitude, il s'arrangea avec son bedeau pour leur montrer le feu du purgatoire. Le dimanche suivant, au moment du prêche, presque tous les assistants sortirent. Le curé resta en chaire jusqu'à leur rentrée. Alors le vicaire verrouilla les portes de l'extérieur, et le curé leur reprocha leur manque de foi et leur conduite scandaleuse aux offices, et il demanda à Dieu de les punir en leur faisant un exemple. Il cria : — *Dri volanti Doui hag que sant, tan arné betag ma changeint* (par la volonté de Dieu et du saint, feu dessus jusqu'à qu'ils changent). Aussifôt le feu descendit des combles de l'église en voltigeant dans tous les coins du bâtiment. — *Tan arnehé betag ma changeint,* disait le curé ; et le feu continuait à descendre du ciel. Ebahis d'abord, les fidèles furent effrayée et cherchèrent à se sauver, mais ils se heurtèrent aux portes bien closes ; alors ils crièrent : — Nous vous promettons de changer et de ne plus sortir de l'église pendant la messe. Le curé, entraîné par la chaleur de son sermon et par l'effet produit sur ses paroissiens, criait toujours : — *Tan arnehé betag ma changeint.* Mais le feu ne descendait plus. Alors un homme passa sa tête à travers les planches de la voûte de l'église, en disant au curé : — *Me che mui a stoupe eutru person* ; je n'ai plus de chanvre, monsieur le curé. Les paroissiens reconnurent la voix de leur bedeau et se mirent à rire de bon cœur du tour que voulait leur jouer leur malin curé.

VIII

Er regesten hag er marù. — Le bedeau et la mort.

Il y avait autrefois, dans la commune de Landévant, un homme qui n'allait jamais à la messe. Lorsqu'il mourut, le curé annonça qu'il irait corps et âmes, avec le diable. Le soir, personne ne voulut aller le veiller, de crainte de se rencontrer avec Lucifer. Seul, un militaire en permission dans le pays, se décida à passer la nuit près du mort.

Vers minuit, lorsque tout était endormi dans le village, le militaire entendit un bruit étrange dans la cheminée et se mit sur ses gardes. Il vit descendre dans le foyer un homme recouvert d'une peau de bouc et dont la figure et les mains étaient noires comme du charbon, et qui se dirigea aussitôt vers le cadavre du mort. Le soldat s'en approcha aussi en tenant son sabre à la main et en lui disant : — Laisse le mort ou je te tue. Sans tenir compte du voisinage ni des menaces du militaire, ce diable voulut mettre le mort sur son dos. Alors le militaire le frappa de plusieurs coups de sabre, lui coupa un poignet et lui fit lâcher sa proie, et, sans tarder, il sortit par où il était entré.

Grâce au militaire, le lendemain, le mort était encore sur ses tréteaux, et le curé vint seul faire la levée du corps. L'absence du bedeau était expliquée par les blessures qu'il avait reçues dans la nuit. Ce fut, en effet, le bedeau qui était venu par la cheminée chercher le mort, mais qui dut se sauver au plus vite devant l'attaque du soldat.

C'est depuis cette époque que l'on ne croit plus guère aux diables dans nos campagnes.

IX

Sant Iehann. — Saint Jean.

La fête de Saint-Jean (*Sant Iehann*, se célèbre en grande pompe à Bubry, et nombreux sont les pélerins qui s'y rendent, en y apportant beaucoup d'offrandes. Un jour, un malin du pays se dit : Si je me mettais à la place du saint, le jour de la fête, je pourrais ramasser pas mal d'argent.

Il examina bien le saint, qui venait d'être peint et verni à neuf ; il se cacha, la veille au soir de la fête, dans l'intérieur de l'église, en y apportant un pot de crème.

Dans la nuit, il descendit le saint de sa niche et le

cacha dans le confessionnal. Il recouvrit son propre corps de crême pour le faire paraître aussi brillant que celui du saint, se couvrit alors de la peau d'agneau de saint Jean et se mit dans la niche du saint, avant l'ouverture de l'église. D'une main il tenait la croix et montrait le ciel avec l'autre. Dès que les portes furent ouvertes, les pélerins se pressèrent autour de l'autel en y déposant leurs oboles. Tous remarquèrent l'allure merveilleuse du saint.

Avec les gens entraient aussi les mouches, qui, toutes, allaient se poser sur le saint pour sucer la crème, ce qui l'incommodait énormément ; pour s'en débarrasser, il dut à chaque instant les chasser avec la main droite. Aussitôt ses gestes furent remarqués et les femmes crièrent de suite au miracle. Les cierges déposés à ses pieds le brûlaient aussi : il résolut de les éteindre en pissant dessus. Mais alors tous les pélerins voulurent avoir leur part de cette eau bénite venant directement du ciel par l'intermédiaire du saint ; ils se bousculèrent pour s'en approcher, en criant : — *Oh ! Sant Iehann, reit l'emb ir banek deur benigel*; oh ! saint Jean, donne-nous un peu de ton eau bénite. Cela ne faisait pas son affaire, quoiqu'il vit l'argent affluer à ses pieds.

Ne pouvant plus tenir en place, et voulant emporter quelques sous pour ses peines, il profita de l'élévation pour sauter sur l'autel, s'emparer d'une poignée d'argent et se sauver à travers les champs dans sa tenue primitive. Après lui coururent les pèlerins, qui laissèrent seul le curé dans son église. Celui-ci, intrigué, fit le tour de la chapelle et, voyant la niche du saint vide, crut aussi au miracle, mais, l'apercevant dans son confessionnal, il eut vite l'explication de ce qui venait de se passer. Quant aux pèlerins, ils ne voulurent rien comprendre et furent convaincus que le saint s'était sauvé au paradis.

X

Groeg-er-Loer. — La vieille La Lune.

Une vieille femme, fort avare, avait coutume de travailler la nuit, au clair de la lune, pour ne pas dépenser un liard à acheter des chandelles.

Tantôt elle filait ou tricotait du haut de son escalier de pierre (*dregah*), d'autres fois elle faisait sa lessive.

Une nuit qu'elle était occupée à bouillir son linge

dans un grand bassin en cuivre (*beleg-arem*), elle vit les pots, les écuelles, les tamis, les bassins et tous les ustensiles de la maison tourner et se diriger vers la porte, comme s'ils y étaient attirés par quelque chose. Aussitôt la vieille, sentant le danger qui la menaçait, ferma la porte. Il était temps, car elle entendit, un instant après, Groeg-er-Loer qui frappait à la porte, en demandant à entrer dans la maison, en grondant la lavandière nocturne et la menaçant de la jeter dans le bassin rempli d'eau bouillante sur le feu.

Comme la vieille ne disait mot, Groeg-er-Loer dit : — *Hui a zou hurus ma hues charet hu tour kar mi fauti d'en ou lahein hinch ne faut ket ren ma labouret de nouz.* (Vous êtes heureuse d'avoir fermé votre porte, car je voulais vous tuer ce soir ; je ne veux pas que vous travailliez la nuit).

Le mari dit alors à sa femme : — *Men boélaret mat ha pas labourat de nouz sel petrà az ari guena.* (Je t'avais bien dit de ne pas travailler la nuit, regarde ce qui t'arrive). *En di de labourat en nouz de zichioh* (le jour pour travailler, la nuit pour se reposer).

TABLE

Nantes. — Imp. A. DUGAS, quai Cassard, 5.

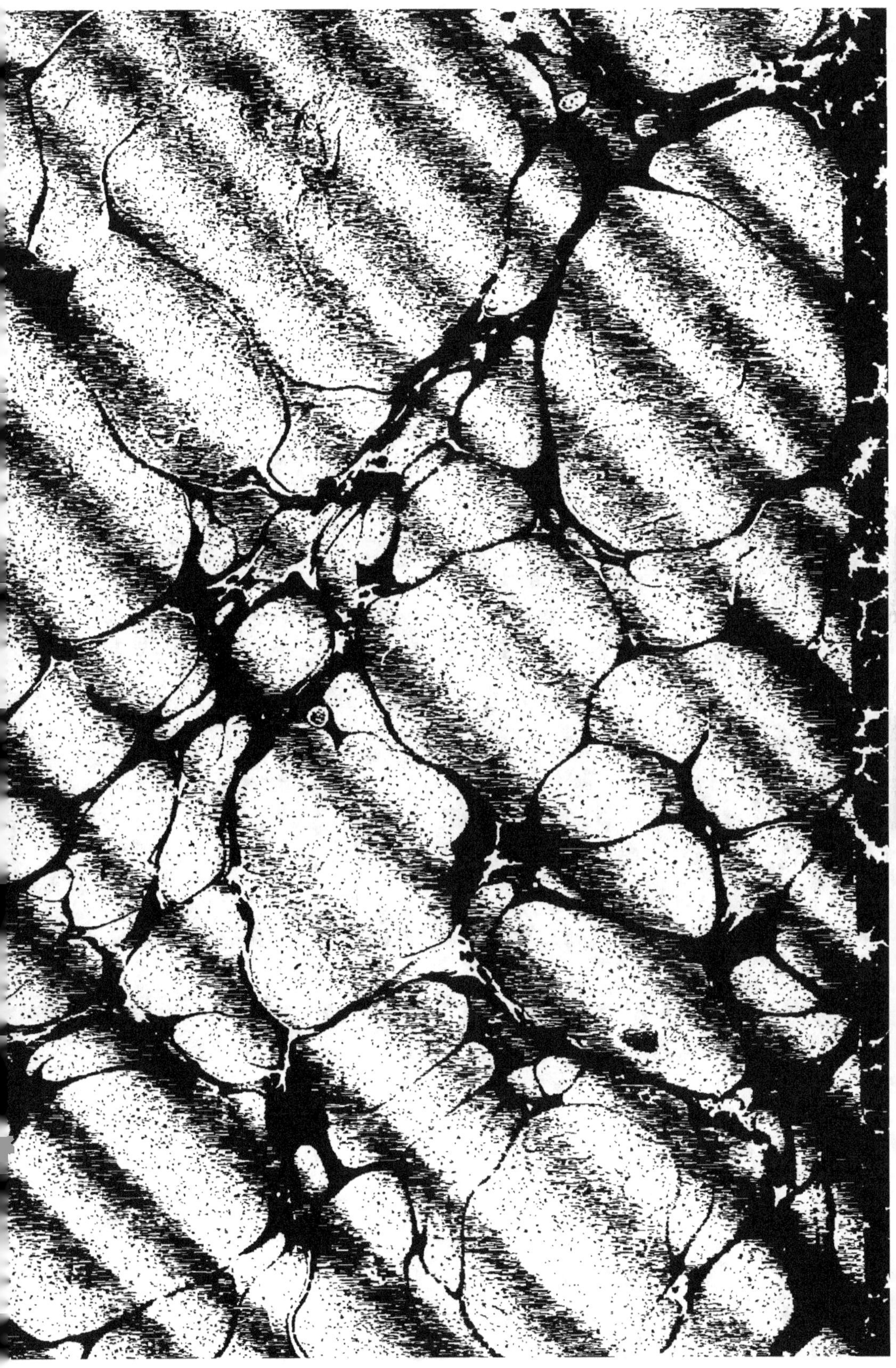